いじめ対応の限界

内田良 編著
UCHIDA RYO

はじめに――「わからない」から始めよう――

「いじめゼロ」をあきらめる

いじめをゼロにするのは簡単だ。それっぽい出来事を見かけたときに、目をつぶればよい。一方で、いじめを年間3件見つけようとすると、アンテナを高く張り、日々の子供の表情や振る舞いに目を向けつづける必要がある。「いじめ見逃しゼロ」には大人の側の高い注意力が求められる。

そもそも、いじめの発生をゼロにするのは簡単なことではない。教室どころか職員室で、教員どうしがいじめをしていることを、私はよく知っている。2019年に関西圏の公立中学校において、家庭科室で教員4名が後輩の教員に激辛カレーを無理やり食べさせた事件が、その動画とともに大きく報じられた。羽交い締めにして食べさせようとするなど、目に余る暴行であった。それはあまりに極端な例だとしても、しかしながら、「挨拶をしても無視される」「職員室で、先輩から大声で怒鳴られた」といった例であれば、学校の日常的な話題である。

職員室だけではない。X（旧ツイッター）空間をみれば、教員を含めさまざまな立場の大人がお互いに非難し、また罵り合っている。「ネットいじめ」の世界だ。大人のほうが率先して、「ネットいじめ」の見本を子供に示しているかのようである。

いじめの発生を抑制することは大事なことで、その努力を怠ってはならない。一方で、人間関係がある以上、いじめは大人の世界でも起きてしまう。いじめは残念ながら起きてしまうとの前提で、それをいかに深刻化させないかという問いが、より現実的な対応として求められる。

加害者の「オルタナティブ」

学校のいじめ対応では、しばしばその「被害」はあっても、「加害」はまるで存在しないかのように見える。

精神科医の斎藤環さんは、加害者が放置されている現状を受け、まずもって加害を「スティグマ化」することが重要だと述べている（斎藤環・内田良『いじめ加害者にどう対応するか

――処罰と被害者優先のケア』岩波書店）。それは、決して加害者の心身を傷つけろとか、厳罰に処せよ、ということではない。斎藤さんは、「厳罰」（処罰を厳しくする）の前に、加害が「処罰」に値するような出来事なのだという裁定が希薄であることを、問題視している。

いじめ問題では、加害が加害であるとの認識が希薄だ。

大人たちは、子供たちの教育課題に対して、かつてよりも寛容になった。いじめの定義が変わり、被害者の気持ちが優先されるようになった。「学びの多様性化学校」いわゆる「不登校特例校」という不登校経験者のために特別にカリキュラムが組まれる学校も誕生し、広がりつつある。

文部科学省が実施する「児童生徒の問題行動・不登校等生徒指導上の諸課題に関する調査」によれば、いじめの加害による出席停止は公立中学校で年に1件程度にとどまっている。だが、学校がいじめ被害による不登校と認定した件数は、毎年400件から500件にのぼる。被害者が学校を離れざるを得ない一方、加害者は問題なく学校に通いつづけている。

教育界は、これまで被害者に向けて「オルタナティブ」（当初指定された学校に通うこととは別の選択肢）を提供してきた。だが、加害者たちのオルタナティブはほとんど模索されてこなかったといえる。

加害者のオルタナティブの模索とは、第一に、加害が「処罰」に値しうることを加害者自身さらには子供全体に示す。第二に、加害者が学校あるいは学級から一時的に離脱することで、次の被害を抑制しうる。第三に、加害者に対する専門的なケアの積極活用により、加害者自身の更生につながる。

学校にはだれが来るべきで、オルタナティブはだれのために整備されるべきなのか。安全・安心な学校とは、いかにして構築されるべきなのか。

事実認定の困難

しかしながら、実は仮に加害者のオルタナティブが整備されていたとしても、おそらくいじめ対応は進まない。そこにはより根本的な問題、すなわち、加害／被害の事実がわからないという究極の困難がある。

いじめの被害と加害には、三重の見えにくさがある。

第一に、いじめの被害者と加害者が入れ替わることがよく知られている。数日前まで被害者の立場にあった子供が、気がつけば加害者の側にまわっている。

第二に、明確に加害と被害が分けられるとしても、隠れて行われるいじめを、教師の側がそれを発見し、そこで加害と被害を区分することは簡単なことではない。監視カメラが設置されているわけでもなく、またタブレットやスマホを通じて無限に広がるネット空間を一望できるわけでもない。そこに、加害者とされる子供が言い訳をして、さらには被害者と加害者双方の保護者が学校にやってくる。加害者の保護者も自分の子供の正当性を主張することもある。もはやカオスだ。

第三に、子供はいじめ被害の事実を表立って語れない。教育評論家の武田さち子さんへのインタビュー記事（朝日新聞、2022年8月21日付）が、その現実を教えてくれる。武田さんによると、いじめの被害者は、つらい思いをそのとおりに話すとは限らない。いじめ被害のことは語らずに「学校を休みたい」「転校したい」と言ったり、あるいは、自分の被害を他の子供の出来事として話したりすることもある。最後の最後まで必死に平静を装い、なかなか周囲の大人は気づくことができない。命を絶ちたいほどにつらくても、それは容易には可視化されない。いじめはきわめて見えにくいというところから、私たちは話を始めなければならない。

何が起きているかさえ、よくわからない。いじめは、現場に下りるほど、「わからない」ことだらけだ。

だからこそ、「わからない」ことの追究を教師に任せるには限界があり、だからこそ、専門家の介入が必要である。「わからない」ことは、ただひたすらに教師の業務負担を増やすだけだ。

そして最大の問題とは、「『わからない』ことが知られていないこと」である。現場は、「わからない」ことに苦悩している。それにもかかわらず、「学校はいじめを隠蔽し、教育委員会もそれに加担する」との先入観が独り歩きし、現場をいっそう戸惑わせていく。

もちろん、なかには、本当に悪意のある現場もある。私はそれを否定しない。ただ、多くの現場が、教師が対応すべきこととして真摯に向き合おうとしながら、その結果、事態は混迷の一途をたどっていく。

本書は、上記の問題意識のもと、私を含む4名の著者により執筆されている。私たち4名は2021年8月に「学校のいじめに関する三者調査」を共同研究として実施した（調査の概要は後段を参照）。その調査結果を活用しつつ、各々の問題意識から「わからない」ことの困難に言及している。

第1章「見えない、語られない事実」（内田良・著）では、「学校はいじめを隠蔽する」という既存のわかりやすいストーリーを解体することから、事実が「わからない」ことの困難に迫る。第2章「主観に頼ったいじめ認知とその落とし穴」（古殿真大・著）では、時に子供自身でさえ「わからない」ことがある一方で、「いじめ」の定義は子供（被害者）の主観に全面的に委ねられていることについてその陥穽を指摘する。

第3章「オンラインへの誤解と期待──いじめ被害者の救済と加害者の発見に向けて」（藤川寛之・著）は、大人が「わからない」オンライン空間を主題にする。いじめをめぐって、オンライン空間が子供には危険な場にも居心地のよい場にもなりうることを描き出す。第4章「生徒の人間関係といじめを防止する教師の役割」（澤田涼・著）では、いわゆる「いじめの四層構造論」を批判的に検討し、いじめ対応の主役であるはずの教師に注目する。教師には直接「わからない」としても、生徒を含む多様なアクターとの連携から、「わからない」ことに挑む実践が展望される。

第1章から第4章までの、データ分析を活用した論考に加えて、第5章と第6章では、学校でいじめの対応にあたってきた小学校教諭との対談を掲載した。

「わからない」ことから始めよう。

この問いかけは、「『わからない』という事態を知ることから始めよう」との提案である。「わからない」からこそ、その闇に切り込んでいかねばならない。「わからない」からこそ、科学的な調査と研究が必要なのだ。

目の前が真っ暗であるときほど、一つの光は救いにもなりうる。「わからない」ことからの出発が、いじめで苦しむ子供と保護者、そして教師の助けになるはずだと、私たちは信じ

表　調査対象者のサンプルサイズ

	性別		Total
	男性	女性	
小学生保護者	206	206	412
中学生保護者	206	206	412
小学校教員	156	257	413
中学校教員	232	181	413
中学生	206	206	412
Total	1,006	1,056	2,062

ている。

【「学校のいじめに関する三者調査」の概要】

▼目的：いじめなどの教育課題について、子供・教員・保護者の三者間における意識の共通点や相違点を、全国を対象にしたアンケート調査により明らかにする。

▼実施期間：2021年8月13日〜17日。

▼方法：ウェブ調査（インターネットによるアンケート調査。株式会社マクロミルのウェブモニターを利用）。

▼対象：①小学校の教員、②小学生の保護者、③中学校の教員、④中学生の保護者、⑤中学校の生徒。

▼サンプルサイズ：①〜⑤それぞれを約400名（合計で約2000名）。詳しくは上表を参照。

▼割付条件：中学生および保護者は男女同数にて割付し、教員は学校基本調査から算出された男女比に合わせて割付した。

▼研究組織：内田良（名古屋大学・教授）、古殿真大（名古屋大学大学院・大学院生）、澤田涼（名古屋大学大学院・大学院生）、藤川寛之（名古屋大学大学院・大学院生）の４名。

▼付記：調査は、「一般社団法人いじめ構造変革プラットフォーム」（代表理事：谷山大三郎・竹之下倫志）の寄附金により実施された。

目次

第1章

見えない、語られない事実

内田 良

思い込みからの脱却

いじめをめぐって、一つの定型的なストーリーがある。

生徒がみずから命を絶つ。混乱と悲嘆の中、「いじめにちがいない」と遺族が学校に問い合わせても、学校からの回答は「わからない」「いじめではない」。教育委員会に訴えたところで、「校長がそう言っているので……」と、何も動いてくれない――。

私たちはこれを、学校による「いじめ（自殺）の隠蔽」と呼んでいる。マスコミで報道された事案から、私が個人的に相談を受けた事案まで、じつに多くのケースで隠蔽が生じている。

私自身には、学校の教員の長時間労働やハラスメント被害など、いわば教員の苦悩について調査研究してきた経緯がある。安直に学校叩きをしたいとは、思わない。だが、いじめのいくつかの事案については、学校側の対応を問題視せざるを得ないような、学校側に明らかな非があるものも少なくない。

上記の定型的なストーリーには、学校側の非を見える化する作用がある。情報を十分にはもちえていない被害者側が、学校でよく起こりがちなストーリーを参照するかたちで、学校側の問題点をクリアに指摘できる。定型的なストーリーがあることで、被害者側はその訴えを正当なものとして発信できる。

だが一方で、定型的なストーリーは、私たちの思考を停止状態にも追いやっていく。「いじめを学校が隠蔽する」との既存のストーリーが先行し、そこで起きている生々しくまた多様な出来事が捨象されてしまう。

いじめは大人の視界の外で行われる。今日ではLINEなどのインターネット空間もいじめの場となりうる。いじめは、大人には見えにくい。

「隠蔽」とは、すでに事実が明確に把握されているときに使うべき語である。ところが、事実の「隠蔽」の前に、そもそも事実が何かさえわかっていない可能性がある。しかも見えないからこそ、言った者勝ちにもなりかねない。「絶対にやってません」と言い張れば、少なくとも事実確認の作業は暗礁に乗り上げる。

また生徒は時に、教師との関係で苦しんでいて、友人からのいじめを契機に死を選ぶことがある。あるいは、家庭で親に傷つけられながら日々を過ごすなか、学校内でのいじめにより居場所を失って死を決意することもある。教師や保護者を含め大人が、自殺の経過にどのように関係しているのか。既存のストーリーにとどまることなく、子供目線から日々の苦悩の蓄積を見ていかなければならない。

社会学の学問領域には、「価値自由」という概念がある。社会学の祖であるM・ウェーバーが、科学者がとるべき客観的な態度のあり方として提唱したものだ。字義どおりに読めば、自身の価値観から自由になる、あるいは、思い込みや先入観から脱却するとの意である。ただウェーバーが示したのは、科学者が自身の価値観を捨て去ってしまうことではない。そもそも科学者といえども、純粋に無価値の状態にたどり着くことはできない。「価値自由」とは、私たちにはすでに価値観が埋め込まれているとの前提のもと、それに引きずられない態度であり、また自身の価値観を相対化しようとする態度を意味している。

科学者もまた、何らかの根源的な価値観＝問題意識をもっている。本書の執筆陣である私たちもまた、いじめで苦しむ子供の実情に言葉を失い、なんとしてでも事態が改善できないものかと切に願っている。十分すぎるくらいに価値的だ。ただその感情のままに、統計調査やその分析を進めるわけではない。さまざまな観点からいじめ現象を冷静に読み解いていく。出来合いのストーリーに乗って、結論ありきの展開をたどるのではない。「価値自由」の態度を貫くからこそ、そこで見えてくる分析結果の信頼度が高まる。「隠蔽」のストーリーは、たしかに成立しうる。だが同時に、それとは別様の、いまだ語られぬ何かがあることを意識したい。

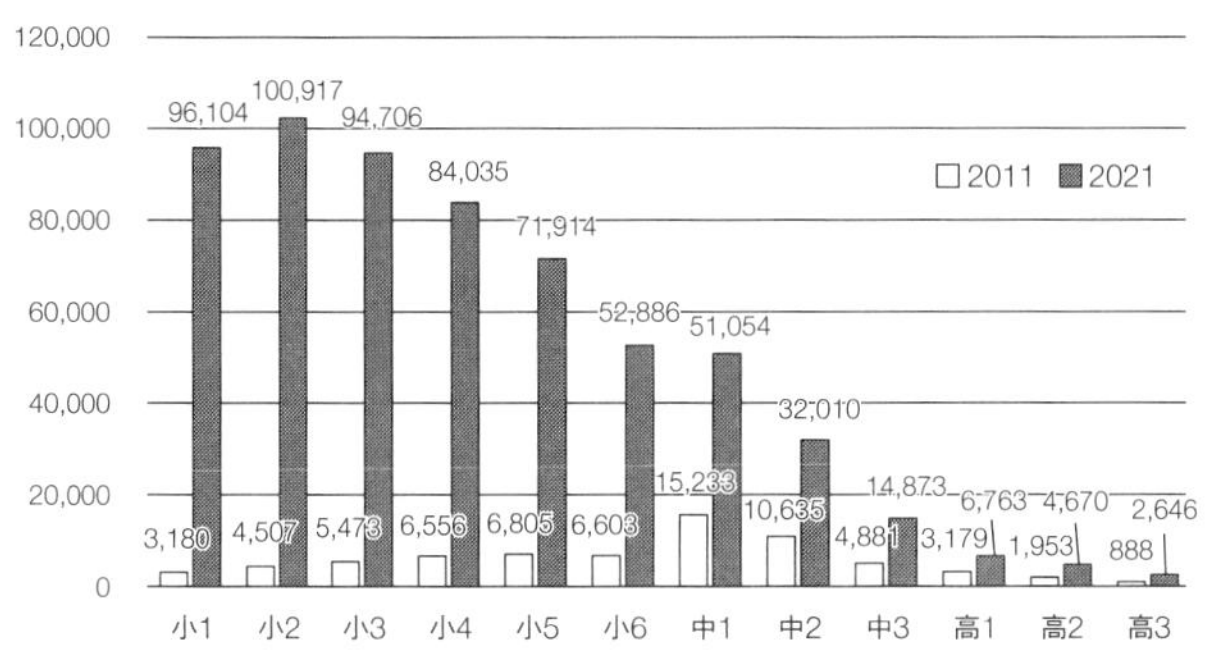

図1　学年別の認知件数［2011/2021］

都道府県間でバラバラ　いじめの認知件数

さて、第2章でも示すように、文部科学省が毎年発表している「児童生徒の問題行動・不登校等生徒指導上の諸課題に関する調査」（以下、問題行動調査）の結果をみると、いじめの認知件数は、近年著しく増加している。

２０２１年度には、国公私立の小中高校などを含む全国の学校におけるいじめの件数は約61万５千件と、過去最多を記録した。10年前の２０１１年度が約７万件であったから、そこから約54万５千件も増加したことになる。

小学校の増加が著しく、２０１１年度の約３万３千件が２０２１年度には約50万件に激増している。図１をみるとよくわかるように、とりわけ低学年の増加率

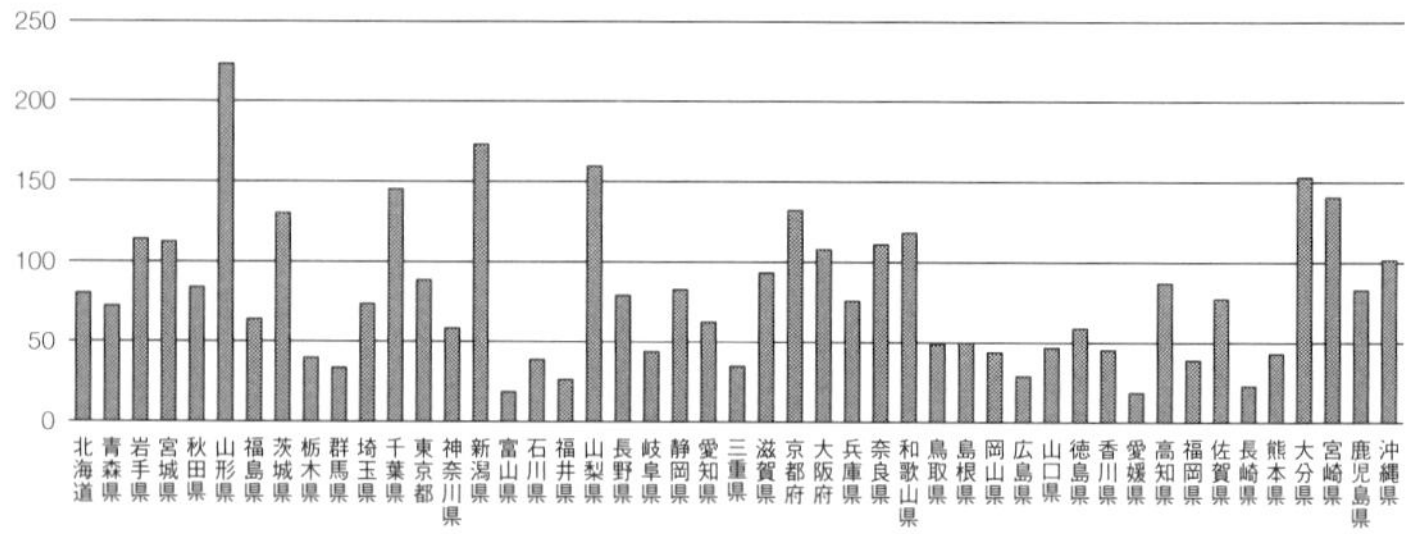

図2　都道府県別にみたいじめの認知件数［小学校、1000人あたり、2021年度］
※各都道府県について、小学校の認知件数を児童数（学校基本調査を参照）で除して、1000を掛けた。

は大きく、10年間で1年生が30・2倍、2年生が22・4倍に達する。小学校（の低学年）におけるいじめ対応は、劇的に変化したといえよう。

　この10年間の変化をみるだけでも、いじめは私たちの「認知」に大きく依存していることがわかる。いじめは、大人の側が無関心であれば見つかることもなく、一方で見つけようとすれば次々と見つかっていく。

　問題行動調査では、２００５年度まではいじめの件数は「発生件数」と記されていたが、２００６年度から「認知件数」と呼ばれるようになった。「認知件数」としての扱いは、いじめがいかに見えにくい性質のものであるかを、象徴している。

　時間上の差のみならず、地域差も大きい。

　図2は、都道府県別にみた２０２１年度の小学校におけるいじめの認知件数（１０００人あたり）である。一見してわかるとおり、都道府県間の格差が大きい。最大は

山形県の221・6件、次いで新潟県の172・7件、最小は愛媛県の17・3件、次いで富山県の17・5件である。

学級規模が仮に一学級30人だとすると、最大値の山形県の小学校では、年間で1学級あたり6・6件のいじめが発見されている。最小値の愛媛県では、それが年間0・5件となる。どこの都道府県の学校に通うかで、いじめ対応がまったく異なっていることがよくわかる。

子供の受難——いじめと虐待

参考までに、家庭における子供の受難として知られる児童虐待においても同様の傾向がみられることを指摘しておきたい。2021年度に児童相談所が児童虐待相談として対応した件数は約20万8千件にのぼる。上記のいじめとの比較可能性を高めるために、おおよそ小学生の年齢に該当する7~12歳の7万1千件について、都道府県別の相談対応件数（1万人あたり）を算出し、図3に示した。

いじめと同様に、都道府県間の格差が大きい。最大は大阪府の175・1件、次いで埼玉県の159・1件、最小は鳥取県の21・2件、次いで山形県の33・8件である。

いじめで最大であった山形県が、児童虐待では2番目に少ないことにもあらわれているよ

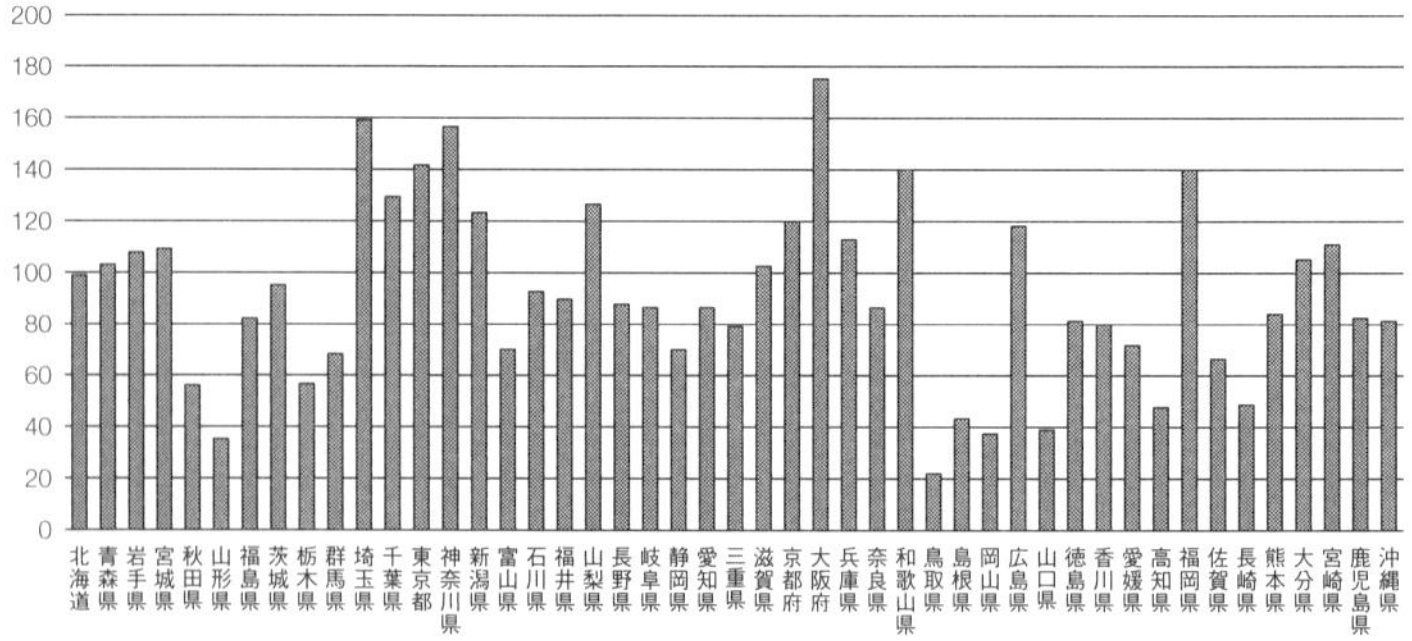

図3　都道府県別にみた児童相談所の虐待相談対応件数［7～12歳、1万人あたり、2021年度］

※元データでは政令市の件数は別掲であるが、ここでは各政令市を道府県に含めた。各都道府県について、7～12歳の件数を児童数（学校基本調査を参照）で除して、10,000を掛けた。

うに、小学校のいじめ（1000人あたり）と、7～12歳の児童虐待（1万人あたり）との関係性は決して強いものではない（相関係数は0・28）。

改めて、いじめも虐待も都道府県別のデータから見えてくるのは、そのばらつきの大きさである。見つけようと尽力するほど、事案は把握されていく。発生すればすぐにその事実が可視化されるわけではない。また、いじめの発見にはアンテナが高くても、それが必ずしも虐待の発見につながるとは言えない。

いじめも虐待も、見えにくい。直接的な心身の被害に加えて、外部に見えないことも含めて、子供の受難は学校でも家庭でも起こりうる。

子供の自殺件数の分析は、子供の受難の全体像を提示してくれる。

警察庁の資料を利用して、過去5年分の事案

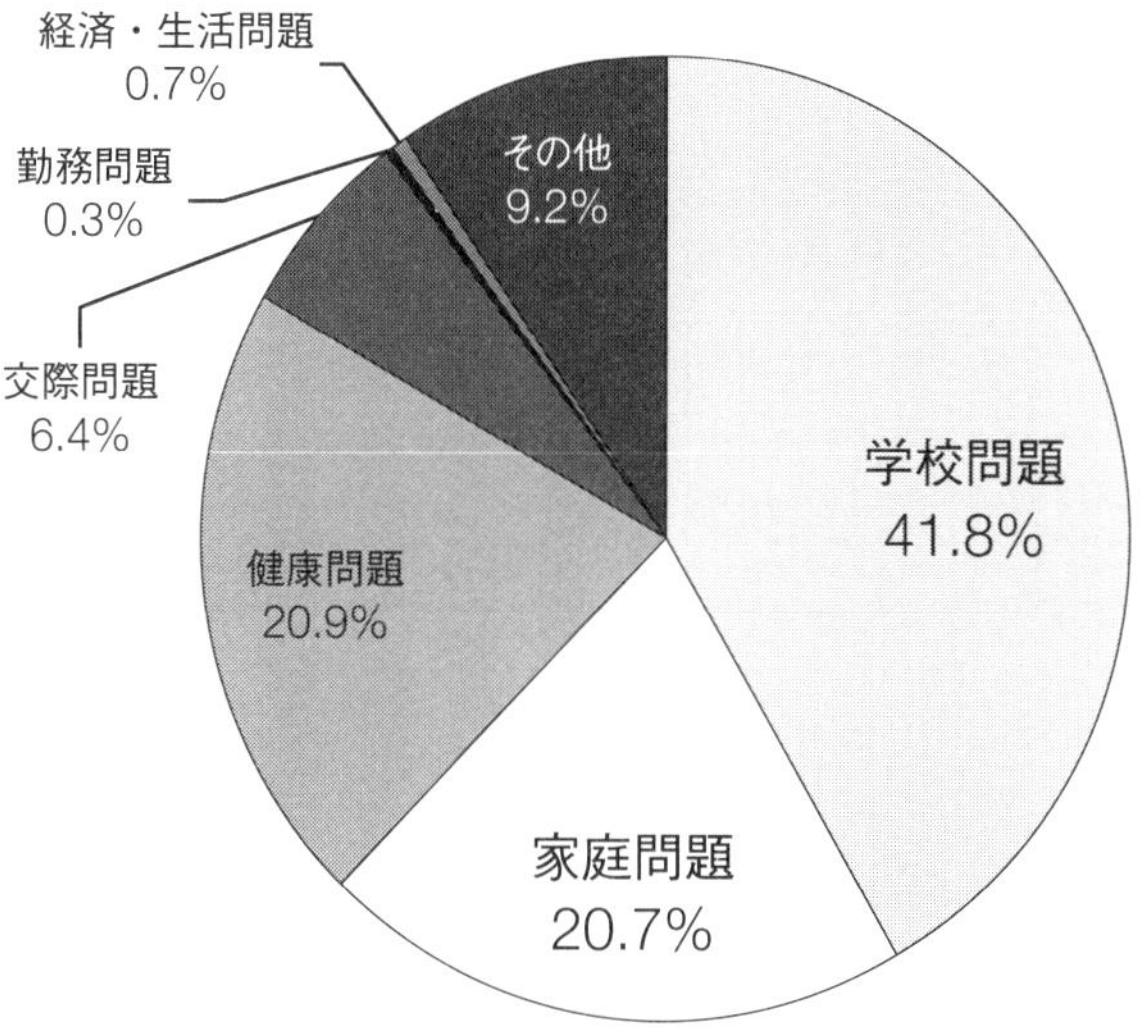

図4　小中高生の自殺の原因［2018-2022］

について自殺の原因・動機が特定できたとされるケース（原因・動機が複数ある場合も含む）でその内訳を調べてみると、図4のとおり、「学校問題」が41・8％と最も多い。学校生活に起因する子供の苦悩は深い。

一方で、「家庭問題」が20・7％に達することにも注目したい。高校生よりも小中学生でその傾向がやや強く、家庭問題の割合は、小中学生で28・7％、高校生で17・4％である。子供の自殺において、その原因として家庭での問題が明らかに関係していると考えられるケースは少なくない。

それに比べると、例えば家庭内での「虐待」と「自殺」の関係性はほとんどど議論されていないように感じられる。「いじめ自殺」の議論の多さとは対象的に「虐待自殺」に踏み込む声はとても少ない。実際に朝日新聞の記事検索システムを用いて調べてみると、2000年以降で見出しに「いじめ自殺」が使用された記事は、計590件にのぼる。一方で、「虐待自殺」は0件だ。

私たちは「子供の自殺」と聞くと、その原因に学校での「いじめ」を想起する。間山広朗さんが指摘するとおり、「いじめ」と「自殺」が組み合わさって、「いじめ自殺」という一つの熟語が成立しているように、いじめ→自殺の連想は、良くも悪くも私たちの思考に定着している（間山広朗「概念分析としての言説分析：『いじめ自殺』の〈根絶＝解消〉へ向けて」『教育社会学研究』70：145-163、2002年）。学校問題＝いじめ、家庭問題＝虐待と早計してはならないものの、事例の検証に入る前にまずは既存の「いじめ（自殺）の隠蔽」の先入観を一旦放棄したほうがよい。

認知件数はまだまだ増加する。

見えない、語られない事実の難しさがある一方で、いじめの実態を客観的に把握しようと試みた調査研究がある。

国立教育政策研究所が2021年7月に発表した報告書「いじめ追跡調査　2016-2018」である。先の問題行動調査は学校が回答するのに対して、「いじめ追跡調査　20

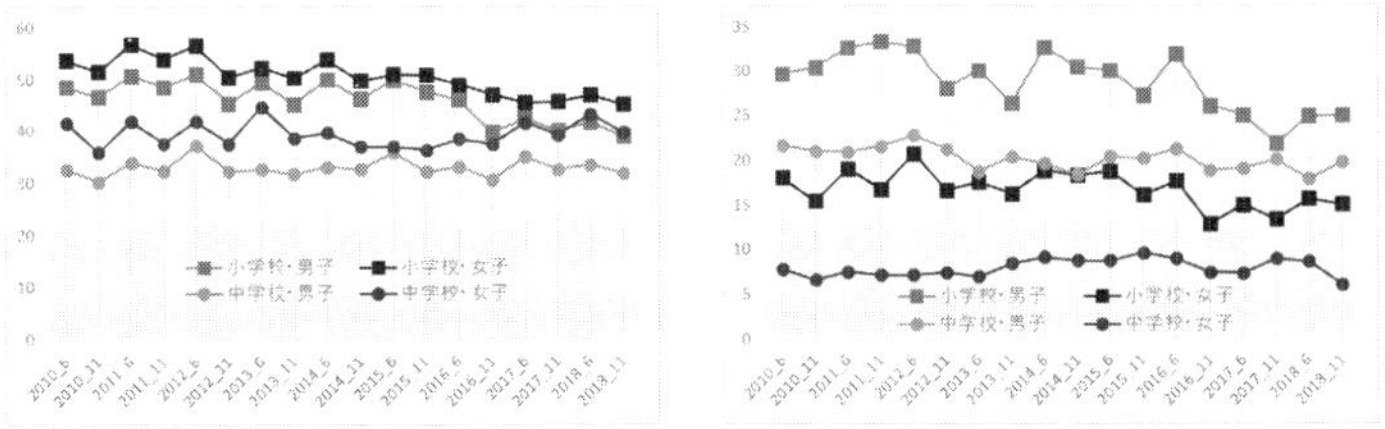

「仲間はずれ・無視・陰口」　「ひどくぶつかる・叩く・蹴る」

図5　「仲間はずれ・無視・陰口」と「ひどくぶつかる・叩く・蹴る」被害経験率の推移
（国立教育政策研究所の報告書をもとに筆者が作図）

16－2018」は、子供自身が直接回答する。

国立教育政策研究所は以前から調査を継続実施しており、報告書では2010年度以降の変化が捉えられている。同一地域の小学校と中学校で同じ内容の調査をくり返す方法により、精度の高いかたちでいじめの経年的な変化が確認できる。いじめの被害経験に加え加害経験も調査され、かつ分析も慎重に進められており、学術的なインパクトは大きい。

重要な知見を、2点だけ紹介したい。

第一の知見は、小学校では「暴力を伴わないいじめ」（仲間はずれ・無視・陰口）ならびに「暴力を伴ういじめ」（ひどくぶつかる・叩く・蹴る）のいずれにおいても、総じて被害経験率と加害経験率は減少傾向である。例えば、「暴力を伴わないいじめ」において男子児童の被害経験率は、2010年から50％前後で推移し、2016年後半からは40％前後に減少している。

他方で、中学校では「暴力を伴わないいじめ」と「暴力を伴ういじめ」のいずれにおいても、被害・加害の経験率は2010年から大きな変化は見られない。以上から、少なくとも「発生件数が全国的に増加している可能性は低いと推測」できる。

第二の知見は、本書においてとりわけ重要な意味をもつ。被害経験率の数値と、問題行動調査の認知件数、ならびに他の研究成果を踏まえると、小学校・中学校におけるいじめの認知件数（1000人あたり）は、250件程度と推計されるという。

2021年度の問題行動調査において、小学校ならびに中学校のいじめの認知件数（1000人あたり）を算出すると、小学校が79・9件、中学校が30・0件となる。それゆえ、問題行動調査で把握されうる「『認知件数』は現状の数倍にまで増えてもおかしくはない」と考えられるという。問題行動調査における認知件数は、近年増加傾向がつづいているが、それでもまだ学校側の視界には入っていないいじめ事案が圧倒的に多く存在することが、示唆されている。

子供はいじめ被害を話さない

ここまで、文部科学省と国立教育政策研究所のデータからは、一つに、私たちの感度によっていじめの件数は大きく変動すること、もう一つに、近年認知される件数は急増しているもののそれでもなお認知されていない事案がありうることが明らかとなった。

改めて、いじめは見えにくいことを強調せねばならない。本書の「はじめに」にも記したとおり、2022年8月21日の朝日新聞に掲載された、武田さち子さん（教育評論家）へのインタビュー記事は示唆に富んでいる。

武田さんは子供の気持ちに立って、いじめの語りにくさを説明する。

> 子どもは、つらい内容をつらそうに話すとは限りません。たいしたことがないように話すことがあります。相手に取り合ってもらえなかった場合を想定し、これ以上傷つかないように予防線を張るのだと思います。（略）
>
> いじめの被害者は「いじめられている」と明確に言うとは限らず、「学校を休みたい」「転校したい」と言うことがあります。自分が受けた被害を他人のこととして話すこともあります。特に深刻な被害や悩みについては、なかなか話せません。多くの子どもが最初に話すのは、最も小さな被害や、証拠を示しやすい内容です。それを話したときの相手の反応を見て、さらに話すかどうかを決めることも多い。だから、最初の話だけを聞いて「たいしたことがない」と決めつけると、対応を誤ります。

思い起こせばかつて私が児童虐待の被害者へのインタビュー調査を行ったとき、同じような回答があった。
自分が家で受けている虐待は、人に話せない。高校生になった頃から少しずつ親友に話せるようになったものの、それは自分が知っている別のだれかの経験として話すことから始まった。他人事として断片的に話をしてみて、そこで親友の反応をうかがってみる。いじめも虐待も、打ち明けることに大きな負荷や不安を感じるがために、子供は「予防線を張る」。周囲の大人が、子供の苦悩にまったく気づかないことも少なくないと、武田さんは述べる。

亡くなった子どもの多くもそうでした。最後の最後まで、必死に平静を装っていました。「親に心配をかけたくない」「自殺を親に止められたくない」などの思いがあったのでしょう。自殺をはかる前日、「明日からいじめられずに済む」と思ったのか、いつもより明るくはしゃぐ子もいました。

命を絶つほどにつらい状況に置かれているとしても、胸の内を明かすこともなく平静を装う。元気な自分を演出する。だから、「多くの親や教師は、目の前の子供が死ぬなどとは想像できないと思います」と武田さんは指摘する。つらいことがあれば、子供はきっと私に話

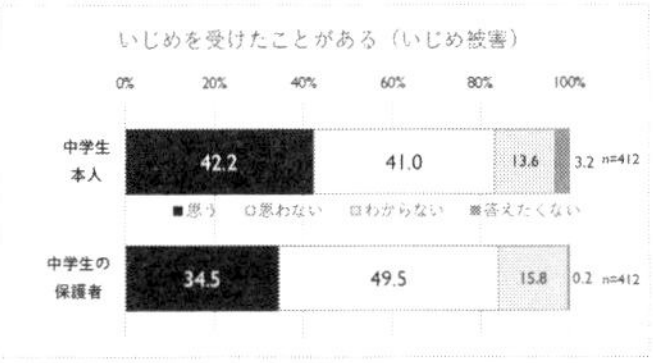

p<0.01

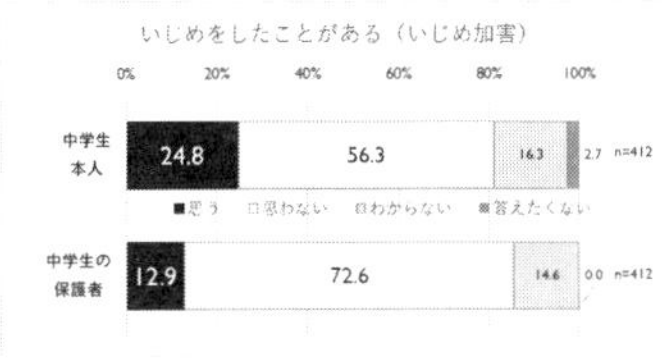

p<0.01

図6　いじめ被害経験ならびにいじめ加害経験の認知における中学生と保護者のズレ

してくれるはず、との楽観は禁物だ。

　私たち本書の執筆陣が２０２１年８月に実施した「学校のいじめに関する三者調査」では、いじめ被害ならびにいじめ加害の認知について、中学生と中学生の保護者に同じ質問を投げかけた。具体的には「いじめを受けたことがある」かどうか、さらには「いじめをしたことがある」かどうかについてそれぞれ、とても思う／どちらかといえば思う／どちらかといえば思わない／まったく思わない／わからない／答えたくない、の６つの選択肢から一つを選んでもらった。

　とても思う／どちらかといえば思うの２つを「思う」にまとめ、どちらかといえば思わない／まったく思わないの２つを「思わない」にまとめて、その差に注目したい（なお第2章では、同じ質問を用いて、「わからない」に注目した分析を行っている）。図６をみると、いじめの被害経験ならびに加害経験の両方において、中学生と保護者の間には認知のズレが確認できる。中学生は被害あるいは加害を自覚していても、保護者の側はそこまで認識

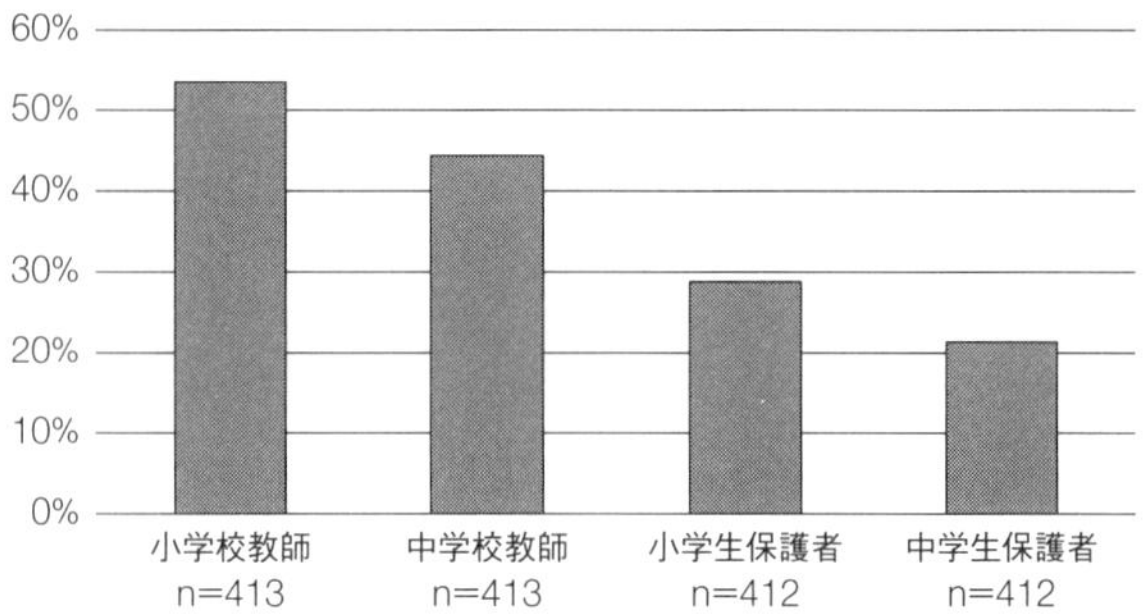

図7　「子供一人の話だけでは判断が難しい」について、「とても思う」の割合

できていない。

事実確認の困難

「学校のいじめに関する三者調査」では、設問の一つに教師と保護者を対象に、いじめについて「子供一人の話だけでは判断が難しい」と思うかを尋ねた（回答の選択肢は、とても思う／どちらかといえば思う／どちらかといえば思わない／まったく思わない）。その結果、教師と保護者の間で「とても思う」と回答する割合に大きな差が確認された。教師は、保護者が思うよりもはるかに強く「子供一人の話だけでは判断が難しい」と感じている。

第5〜6章で教師が語ってくれているように、教師はいじめの現場を直接には見ていないし、被害者とされる子供と加害者とされる子供の証言が、食い違っている。被害者の子供の主張を信じたいけれども、明確な事実がわからないままに、根拠なき判断で加害者とされる子供に注意をして仮にその子供が学校に来られなくなってしまったら…と考えると、踏み込めない。

先に示した図6では、いじめ被害経験と加害経験の間における認知の差を確認できる。中学生本人でみると、被害経験があると「思う」のは42・2%であるが、加害経験があると「思う」は24・8%に減少する。これは保護者も同じで、被害経験の「思う」は34・5%であるが、加害経験は12・9%にとどまっている。

いじめを受けたという被害意識に比べて、いじめをしてしまったという加害意識をもっている者は、とても少ない。これは奇妙なことである。単純に考えるならば、いじめは複数の生徒が、一人の生徒をいじめる。そうだとすれば、加害意識をもつ者は、被害意識をもつ者よりも相当に多くいるはずである。

ところが回答は、その逆を示している。いじめ加害者よりもいじめ被害者のほうが多い結果となった。ただこれは、さほど驚くことではないだろう。子供か大人かを問わず、私たちは「自分が悪いことをした」とはなかなか自覚がもてないものだ。

被害者／加害者、中学生／保護者、それぞれの間に認知のズレが生じ、それが主張のズレへとつながるのだとすれば、それを受け止める学校がいかに大変であるかが理解できることだろう。

監視カメラの映像記録があるわけもなく、最新の科学的手法を駆使して事実を確かめることもできない。子供の証言に頼らざるを得ないが、その証言は食い違い、さらには双方の保護者が介入して混乱が生じることも少なくない。現行の学校では、いじめの事実認定はきわめて困難である。

いじめ被害者にも責任がある？

私たちの「学校のいじめに関する三者調査」では、教員、生徒、保護者それぞれに、いじめの責任の所在について問いを投げかけた。具体的には、「いじめが起きたとき、次の人にはどのくらい責任があると思いますか」との問いで、「次の人」として、教師／いじめた生徒／いじめられた生徒などを挙げた。責任の重さは、1（責任が軽い）から10（責任が重い）までの10段階で回答してもらった。図8はその分布を示している。なお図8は、責任のポイントの凹凸をならすために、三項間平均を用いている。そのため、「責任が重い」の最大は8で、「責任が重くない」の最小は1である。

なお余談までに、○項間平均とは「移動平均」と総称されるもので、新型コロナウイルスの感染者数を示すときに頻繁に用いられた算出方法である。陽性／陰性を確かめるために有効なＰＣＲ検査は、検査所が営業していない土日は、検査の頻度が減少するため、その結果、報告上の感染者数も減少する。まさに、いじめの件数と同じである。

カウントする側の体制が整っていなければ、件数は減ってしまう。そうした検査上の影響をできるだけ取り除くために、新型コロナウイルスの感染者数の公表に際しては、「直近一週間あたりの感染者数」が用いられた。土日を含めて、一週間全体の感染者数（の平均）であれば、土日の検査数減の影響を取り除くことができる。

いじめの責任の程度に関する分析においても、責任の程度を10段階で細かく尋ねると、どうしても各段階の平均値に凸凹が生じてしまう。そこで、責任10から責任8までの平均、次に、責任9から責任7までの平均、責任8から責任6までの平均…と、隣り合う3つの平均値を順に計算し、全体をなだらかにした。

さて、各主体の責任の程度を図示すると、図8のとおり「いじめた生徒」や「教師」の責任の重さについては、中学生／中学生の保護者／中学校の教員のいずれも同様の傾向を示した。

「いじめた生徒」についていうと、責任が「重い」とする回答が圧倒的多数を占めた。これは素朴に、「いじめた本人が悪い」との判断である。

次に、「教師」についていうと、図のとおり回答が最も多かったのは責任のポイントが5

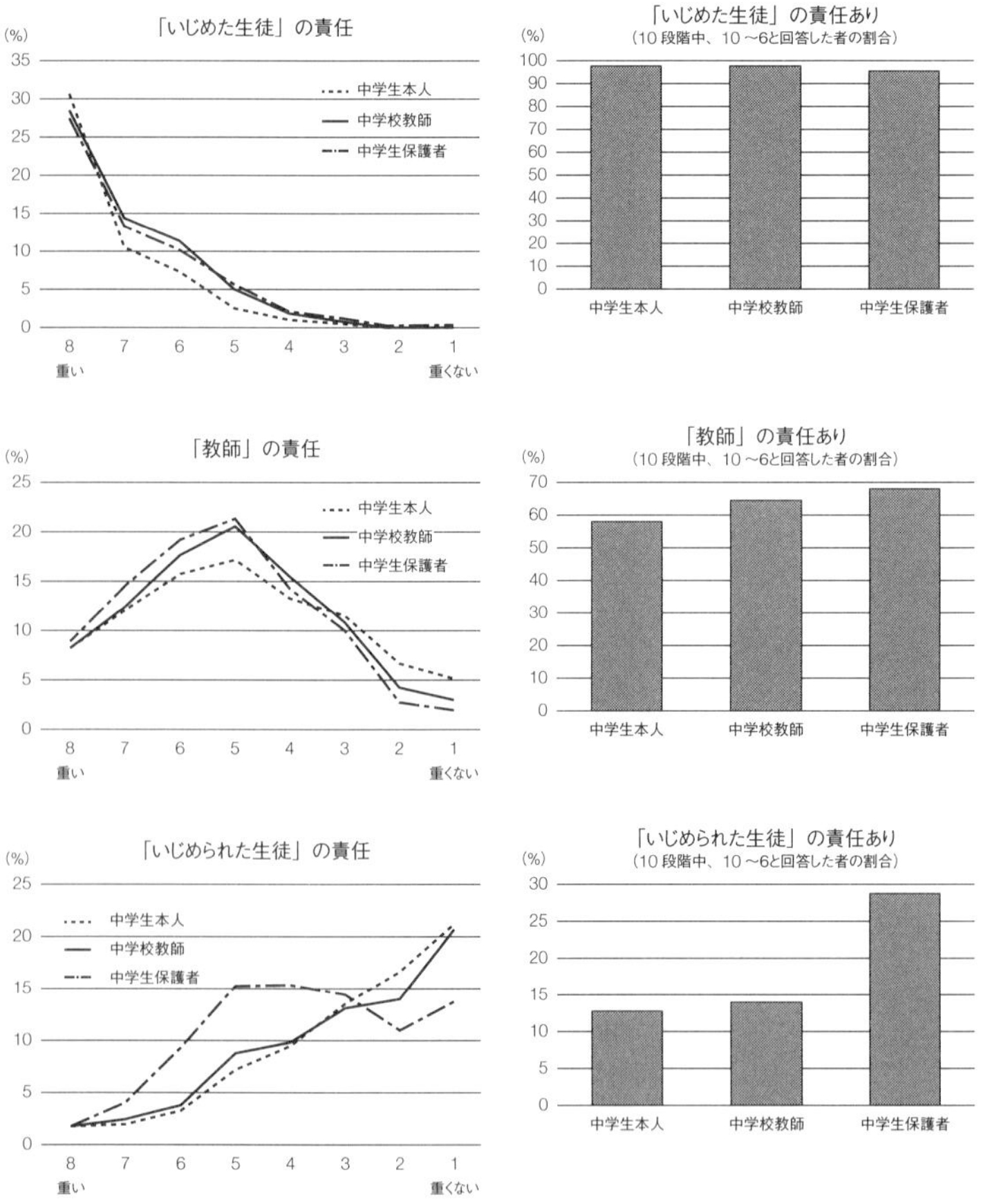

図8　中学生／教師／保護者から見たいじめの責任

の箇所であるが、その点を境に責任が重いほうに回答が偏っている。いじめた生徒ほどの責任はないけれども、それなりに責任があると判断されている。

注目すべきは、「いじめられた生徒」への回答である。「いじめられた生徒」については、保護者のみが特異な傾向を示している。すなわち、生徒や教師は基本的に「いじめられた生徒」に責任はないと考えているものの、中学生の保護者は、「いじめられた生徒」にもそれなりの責任があると感じている。

たしかに、保護者側が「いじめられた生徒」にも責任があると考えたくなるのは、理解ができる。とりわけ自分の子が加害者とされるような場合には、なおさら被害者側の子供の責任も問いたくなるのではないかと推察される。

加害者とされた場合に、保護者は「いじめられた生徒」の責任をどのように評価するのか。先の図6で示したように中学生の保護者に対しては、自分の子供が「いじめをしたことがあると思う」かどうかについて尋ねている。そこで「思う」と回答した保護者を「加害あり」のケースとみなし、「思わない」と回答した保護者を「加害なし」として、それぞれにおける「いじめられた生徒」の責任の程度を分析し、図9に示した。

図のとおり、加害ありの保護者のほうが加害なしの保護者よりも、「いじめられた生徒」の責任を重くみる傾向がある（責任のポイントの平均値に有意差あり：$p<0.01$）。保護者は、自分

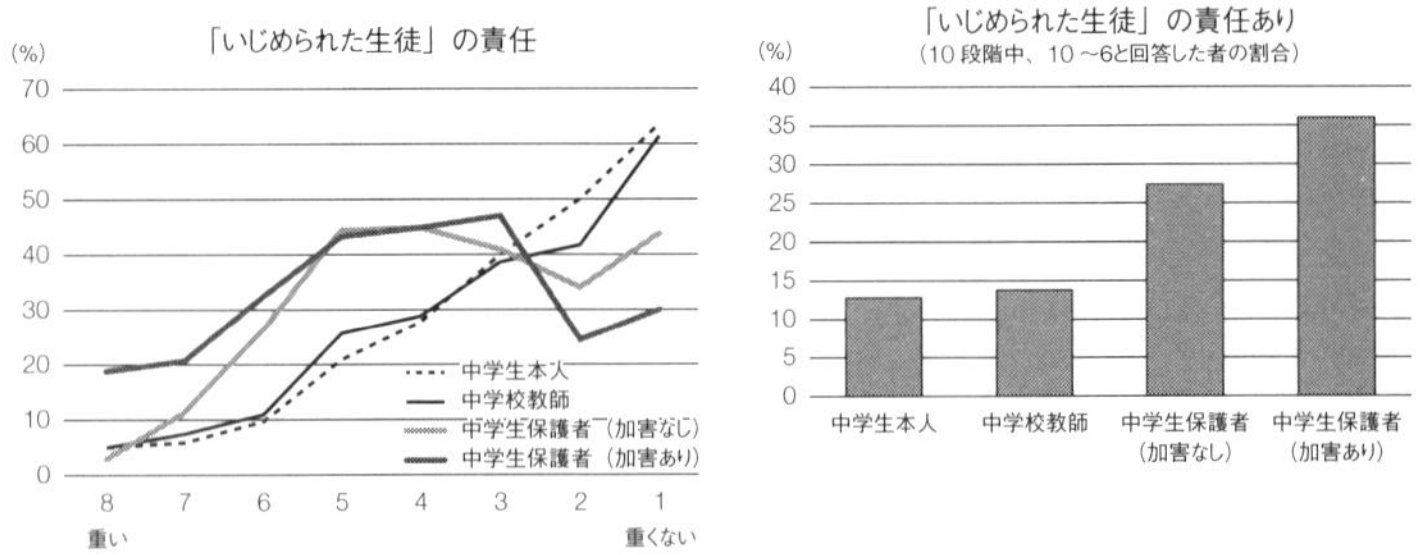

図9　いじめ加害経験の有無別における保護者から見た「いじめられた生徒」の責任

の子が加害者の立場に置かれたとき、相手（被害者）にも何らかの非があるのだろうと考える。

たしかに、ある時点では被害／加害の関係が成り立つとしても、それ以前までは関係が逆転していたのかもしれない。加害者とされた子供が自分の親に「この前は○○のほうから無視してきた」と主張すれば、親は被害者側にも責任があると考えることだろう。あるいはそうではなくとも、加害者とされた自分の子供の立場を守ろうとするのは、親として不思議なことではない。

「被害者の側にも責任があるかもしれない」――そうした保護者の考えが、結果的に当事者間の認知のズレとなって、被害者／加害者間のコンフリクト（葛藤）を生み出す。学校は保護者対応に労力を割き、もはや事実の確認は後回しまたは放棄されていく。基礎的な事実把握さえ進まぬまま、そこに保護者も参入し、学校のいじめ対応はしばしば混沌と化していく。

以上、いじめは見えにくくまた語られにくいこと、さらにはいじめ対応は混沌に陥る可能性があることを指摘した。学校による「いじめ（自殺）の隠蔽」を前提としたストーリーは、これらのリアリティを捨象しかねない。

子供の受難は、必ずしも単一のストーリーに収まるものではない。わかりやすさを求めるのではなく、「わからない」ことを認めることこそが、子供の受難をわかるための最短の経路である。

第２章

主観に頼ったいじめ認知とその落とし穴

古殿　真大

「いじめ」定義の変遷

いじめが社会問題として認識されるようになるのと並行して、文部省および文部科学省（以下では時期の区別はせず文科省と呼ぶ）は「いじめ」の定義を変更してきた。この定義の変更によって、それ以前はなかなか「いじめ」として認知できなかったものも「いじめ」として認知しやすくなってきたといえるだろう。

ここでは具体的に「いじめ」定義がどのような変化をしてきたのかについてみていく。文科省によってまとめられた「いじめ」定義の変遷を図1に、筆者が特に着目したい変化を抜き出したものを表1に示した。この図表を概観してみると、「いじめ」定義の変化は、加害者や第三者ではなく被害者の目線から、より軽度なものも「いじめ」として捉える方向へ、また、多様な人間関係における「いじめ」を捉える方向へと進んできていることが読み取れる。

もう少し詳しくいじめの定義をみていこう。まず、年を経るごとに被害者目線の定義に変化していくことを確認しておこう。１９８６年の定義では学校として関係児童生徒やいじめの内容等を把握していることが「いじめ」の条件であった。それに対し、１９９４年以降で

いじめの定義の変遷

【児童生徒の問題行動等生徒指導上の諸問題に関する調査における定義】


【昭和６１年度からの定義】

この調査において、「いじめ」とは、「①自分より弱い者に対して一方的に、②身体的・心理的な攻撃を継続的に加え、③相手が深刻な苦痛を感じているものであって、学校としてその事実（関係児童生徒、いじめの内容等）を確認しているもの。なお、起こった場所は学校の内外を問わないもの」とする。


【平成６年度からの定義】

この調査において、「いじめ」とは、「①自分より弱い者に対して一方的に、②身体的・心理的な攻撃を継続的に加え、③相手が深刻な苦痛を感じているもの。なお、起こった場所は学校の内外を問わない。」とする。

なお、個々の行為がいじめに当たるか否かの判断を表面的・形式的に行うことなく、いじめられた児童生徒の立場に立って行うこと。

○　「学校としてその事実（関係児童生徒、いじめの内容等）を確認しているもの」を削除
○　「いじめに当たるか否かの判断を表面的・形式的に行うことなく、いじめられた児童生徒の立場に立って行うこと」を追加

【平成１８年度からの定義】
本調査において、個々の行為が「いじめ」に当たるか否かの判断は、表面的・形式的に行うことなく、いじめられた児童生徒の立場に立って行うものとする。
「いじめ」とは、「当該児童生徒が、一定の人間関係のある者から、心理的、物理的な攻撃を受けたことにより、精神的な苦痛を感じているもの。」とする。　（※）
なお、起こった場所は学校の内外を問わない。

○　「一方的に」「継続的に」「深刻な」といった文言を削除
○　「いじめられた児童生徒の立場に立って」「一定の人間関係のある者」「攻撃」等について、注釈を追加

※　いじめ防止対策推進法の施行に伴い、平成２５年度から以下のとおり定義されている。
「いじめ」とは、「児童生徒に対して、当該児童生徒が在籍する学校に在籍している等当該児童生徒と一定の人的関係のある他の児童生徒が行う心理的又は物理的な影響を与える行為（インターネットを通じて行われるものも含む。）であって、当該行為の対象となった児童生徒が心身の苦痛を感じているもの。」とする。なお、起こった場所は学校の内外を問わない。

「いじめ」の中には、犯罪行為として取り扱われるべきと認められ、早期に警察に相談することが重要なものや、児童生徒の生命、身体又は財産に重大な被害が生じるような、直ちに警察に通報することが必要なものが含まれる。これらについては、教育的な配慮や被害者の意向への配慮のうえで、早期に警察に相談・通報の上、警察と連携した対応を取ることが必要である。

図1　文科省「いじめの定義の変遷」
（https://www.mext.go.jp/component/a_menu/education/detail/__icsFiles/afieldfile/2019/06/26/1400030_003.pdf）最終閲覧日2023年6月19日。

はその文言が削除され、学校として事実を把握していることが求められなくなったとともに、「いじめ」に当たるか否かの判断を被害者の立場から行うことになっている。

さらに、2006年の定義は、これまで「自分より弱い者に対して……」と加害者の立場からの定義だったのが、「当該児童生徒が……苦痛を感じているもの」と被害者の立場からの定義に変更されている。文科省による「いじめ」定義は、被害者がどう感じているのかをより重視したものへと変化してきている。

次に、「いじめ」の程度や性質に着目すると定義の変化を次のように整理できる。1986年と1994年の定義においては被害者が「深刻な苦痛を感じている」ものだったのが、2006年以降は「深刻な」が文言から外れている。

加えて、「継続性」が1986年と1994年においては「いじめ」の基準として入っていたのに対し、2006年以降はそれが継続的に行われているか否かを問わずに「いじめ」として認定できるようになっている。このように、「いじめ」として定義されるのに必要な条件が緩和され、より軽度なものまで含めて「いじめ」と定義するようになっている。

最後に、人間関係の捉え方を見ていこう。1986年と1994年には加害者より「弱い者」を相手としたものを「いじめ」と呼んでいた。これに対して、2006年には「一定の人間関係がある者」から受けたものを、2013年には「一定の人間関係のある他の児童生

表1　「いじめ」定義の変遷

	相手	方向性	攻撃の性質	継続性	条件
昭和61年（1986年）	自分（加害者）より弱い者	一方的に	身体的・心理的	○	（被害者が）深刻な苦痛を感じている 学校としてその事実を確認している
平成6年（1994年）	自分（加害者）より弱い者	一方的に	身体的・心理的	○	（被害者が）深刻な苦痛を感じている いじめられた児童生徒の立場に立って判断
平成18年（2006年）	一定の人間関係がある者	×	心理的、物理的	×	（被害者が）精神的な苦痛を感じている いじめられた児童生徒の立場に立って判断
平成25年（2013年）	一定の人間関係のある他の児童生徒	×	心理的又は物理的（インターネットを通じて行われるものを含む）	×	（被害者が）心身の苦痛を感じている 起こった場所は学校の内外を問わない

徒」から受けたものを「いじめ」と呼ぶようになっている。ここから、加害者と被害者の力関係がいかなるものであっても「いじめ」と呼ぶようになっているといえる。

また、「いじめ」の方向性についても1994年までの定義と2006年以降の定義で文言に違いがある。1986年と1994年のどちらも「一方的に」という文言があるのに対し、2006年と2013年のものでは削除されている。「強者としての加害者―弱者としての被害者」の関係の中で起こるものだけを「いじめ」として捉えていたのが、多様な人間関係の中で起こるものとして捉えられるようになっているのだ。

こうした変化の結果、2013年度から現在まで参照されている最新の「いじめ防止対策推

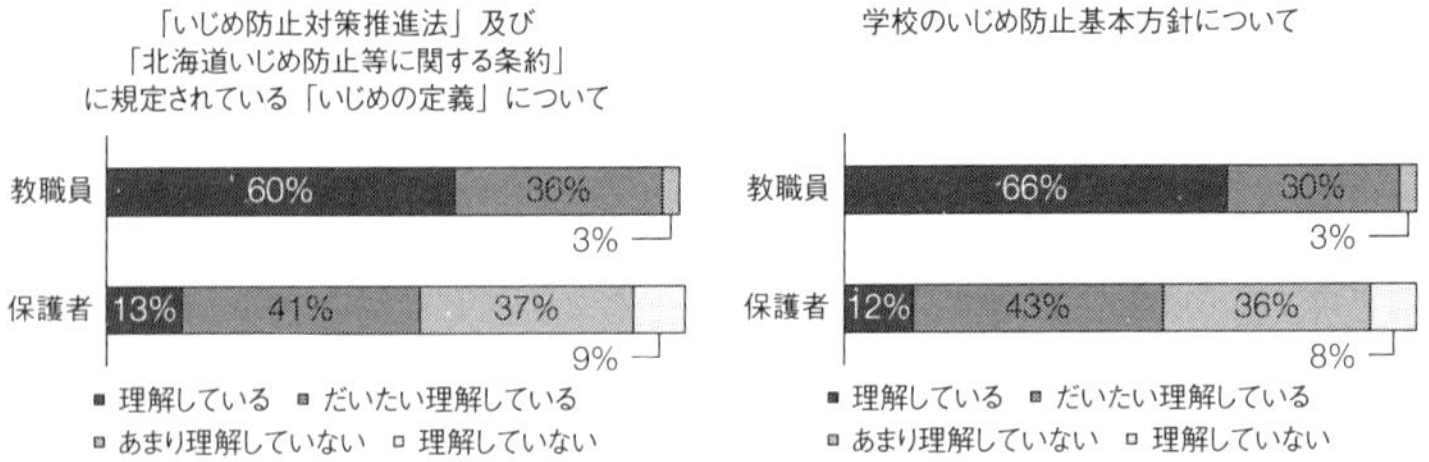

図2　教職員のいじめに対する理解
（北海道教育委員会「いじめに対する意識アンケート調査の結果」より筆者作成）

進法」における「いじめ」定義では、「被害者が苦痛と感じるものすべてをいじめ」とするような理解がなされている（朝日新聞「いじめ、伝わらぬSOS 対策法施行3年」2016年10月2日朝刊）。

このような「いじめ」定義の変化を一つの助けとして、より多くの「いじめ」を発見・認知してきたことははじめに述べたとおりだ。次節では、教員がどの程度「いじめ」定義を理解しているのか、また実際にはどの程度「いじめ」の発見・認知件数が変化していたのかを統計的な資料を用いて確認していこう。

教員の理解と認知件数の増加

「いじめ」定義として最も新しいものは「いじめ防止対策推進法」だが、実際にどのくらいの教員がこの定義を理解しているのだろうか。この点について調査を行っているのが北海

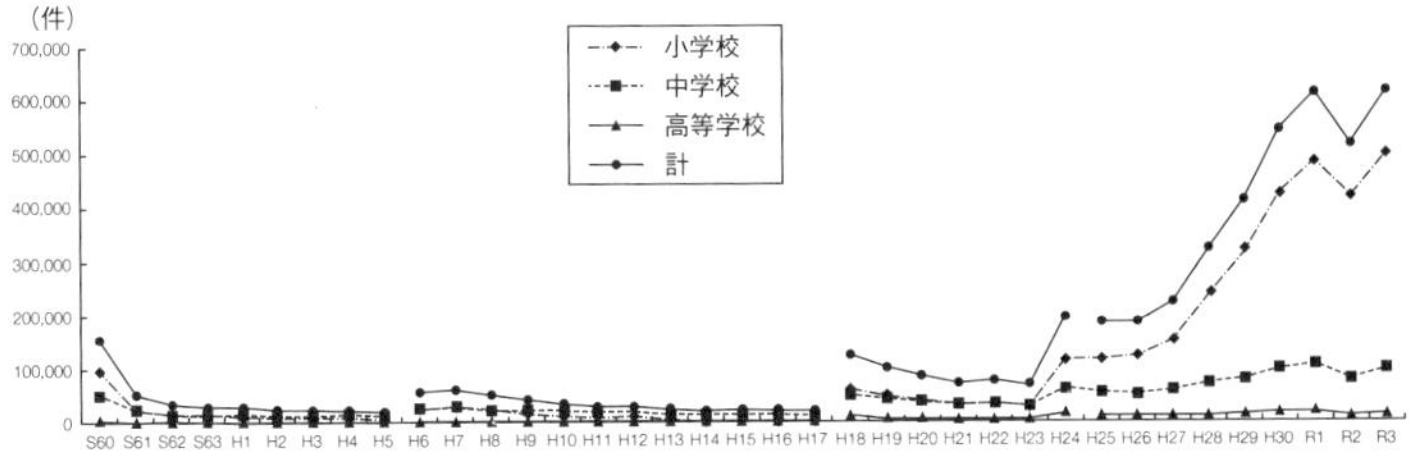

図3　いじめの認知（発生）件数の推移のグラフ（2021年度「児童生徒の問題行動・不登校等生徒指導上の諸課題に関する調査」より）

道教育委員会だ。

北海道教育委員会は令和4年度に「いじめに対する意識アンケート」を行っている。その中で「いじめ防止対策推進法」及び「北海道いじめ防止等に関する条例」に規定されている「いじめの定義」について理解しているかどうかを尋ねた質問がある（図2）。この結果によれば、教職員の97%が「いじめの定義」について「理解している」ないし「だいたい理解している」と回答しており、ほぼすべての教員が理解している状況にあると言ってよいだろう。

さらに学校のいじめ防止基本方針についても97%の教職員が理解していると回答しており、どの学校においても学校全体で組織的にいじめに対応する体制が整っているといえる状況にある。

そして、それは「いじめ」の認知件数増加につながっているように思われる。実際に、細かな変動はあるものの、全体の傾向を大まかに見れば認知件数[i]は増えてきた[ii]。

図3は文科省による調査「児童生徒の問題行動・不登校等生徒指導上の諸課題に関する調査」で明らかになった年度ごとの認知件数のグラフである。もちろん、実際に起こったいじめが増えているという要因も認知件数の増加に寄与していると考えることができる。

しかし、ここではそれ以上に文科省が「いじめ」定義を変更するとともに、学校の教員がいじめを発見するために細心の注意を払った結果がこの「いじめ」認知件数の増加に寄与していることを強調しておきたい。文科省の「いじめ」定義の見直しに加えて、教員の「いじめ」を見逃すまいとする取り組みによって、従来であれば見過ごされていたかもしれない「いじめ」も見逃さないような体制が整いつつあるのではないだろうか。

このような現在までの対応を肯定的に評価した上で、さらに多くの「いじめ」を見つけ出すための方策は考えていく必要があることは指摘しなければならない。これまで「いじめ」を見逃さないための体制を整えてきたし、それによってより多くの「いじめ」を認知してきたことは間違いない。

しかし現在認知できている「いじめ」は一部に過ぎず、まだまだ「いじめ」の認知件数を増加させ被害に苦しんでいる児童生徒を救う余地があると考えられる。

依然として認知できていない「いじめ」があると考える根拠の中で最も大きなものは、国立教育政策研究所によって２０１６年から２０１８年にかけて行われた「いじめ追跡調査２

０１６‐２０１８」の結果だ。「問題行動調査」では、いじめの認知件数が小学校で１０００人あたり約80件、中学校で１０００人あたり約30件である。

これに対して、「いじめ追跡調査」では、児童生徒１０００人あたり４００人程度がいじめが疑われる行為[iii]の被害を経験していることが明らかにされ、非常に多くの被害が見過ごされている可能性が示唆される。

次節以降では教員や子供たちの「いじめ」に関する認識に注目して論を展開する。それによって、「いじめ」を認知することがどのような点で難しいのかについて明らかにし、より多くの「いじめ」を認知するための手がかりを探っていこう。

教員の共感と切り捨てられたリアリティ

「いじめ」定義は被害者目線に立ち、ささいなことであっても見逃さないように変化してきた。

そして、それを教職員は理解しいじめ防止のための体制を築いてきたし、実際にその成果として「いじめ」の認知件数は増加傾向にある。

しかし、その一方で、教員が「いじめ」定義に納得して受け入れているのかどうかは別の問題のようだ。表2に示したのは、「ささいなことまで『いじめ』と呼ばれる」という意見に対してそう思うかどうかを尋ねた結果である。

この結果からは、小学校の教員も中学校の教員も、約75％が「ささいなことまで『いじめ』と呼ばれる」と思っていることがわかる。約75％ということは4人のうち3人がそう思っているという計算になるので、かなり多くの教員が文科省の定義は広すぎると感じているといえるだろう。

この結果から言えば、文科省は「いじめ」の定義を広げることでできるだけ「いじめ」を見過ごすことのないようにしてきたものの、当の教育現場にいる教員たちにはほとんどその定義が受け入れられていないのだ。

ついでに保護者や中学生の回答も見ておこう。文科省の「いじめ」の定義については、教員ほどには保護者や中学生は理解していないと考えられる。そのため一定の留保は必要ではあるが、それでも小学生・中学生の保護者の70％弱が、中学生の60％弱が「ささいなことまで『いじめ』と呼ばれる」と思っている結果からすると、教員だけではなく保護者や子供たちにもあまり今の「いじめ」についての考え方は受け入れられていないようだ。

また、属性ごとの「ささいなことまで『いじめ』と呼ばれる」と思っている人の割合を比較すると、中学校教員が最も高く、小学校教員がその次につづく。教員は、文科省の「いじ

表2 「いじめ」と呼ぶことに対する印象

	ささいなことまで「いじめ」と呼ばれる		
	思う	思わない	計
小学生保護者	279	133	412
	67.72%	32.28%	100.00%
中学生保護者	274	138	412
	66.50%	33.50%	100.00%
小学校教員	306	107	413
	74.09%	25.91%	100.00%
中学校教員	315	98	413
	76.27%	23.73%	100.00%
中学生	245	167	412
	59.47%	40.53%	100.00%
計	1419	643	2062
	68.82%	31.18%	100.00%

め」の定義について他の属性をもつ人びとよりも詳しく理解していることが想定され、学校で子供たちと直接に関わっている存在でもある。その教員にとって受け入れ難いものに、文科省による「いじめ」の定義はなっているのかもしれない。

その背景にあると考えられるのは、教員たちが感じているローカルなリアリティを切り捨ててきたことである。日本の「いじめ」問題では、しばしば学校や教員に対する不信が話題に上がる。日本において、「いじめ」の中でもとりわけ「いじめ」を「原因」とした自殺事件が社会的に問題視されてきた。「いじめによる自殺」が起こり、それが日本社会で耳目を集めたことで「いじめ」が自殺に値するほど重大なものであるという認識が共有

されたように思われる。[iv]

さらに本章で重要なのは、「いじめによる自殺」は多くの場合学校側の不手際として語られてきたという事実だ。

たしかに、学校側の対応に問題がある事例を挙げようとすれば枚挙にいとまがないほどだ。いじめ自殺事件として日本で初めて社会的に注目された事件である中野富士見中学いじめ自殺事件では、「葬式ごっこ」に複数の教員が加担していたことが明らかになっている。他にも愛知県西尾市中学生いじめ自殺事件においては、被害生徒が助けを求めていたにもかかわらず、学校側がいじめとして認識せず適切な措置を取っていなかったことが問題視された。さらに、滝川市小6いじめ自殺事件では、市の教育委員会や教職員組合がいじめを隠蔽しようとしたことが糾弾された。

こうした事件を思い起こすと、「いじめ」の事件があったときには学校側が「いじめを見過ごしていたのではないか」と疑ってみたり、学校の「隠蔽体質」を問題視してみたりすることは無理のないことだろう。

しかしながら、すべての「いじめ」を学校側の「不手際」として片付けてしまうことはむしろ、「いじめ」問題の解消の障害となってしまいかねないのではないだろうか。実は、学校が真摯に対応していたにもかかわらず、学校の対応に問題があった「いじめ」事件として社会的に問題視されてしまった事例が教育社会学者の越川葉子によって報告されている。[v]ここでは、越川の論文を参照することで、「いじめ」問題を学校側の「不手際」として片付けてしまうことの問題の輪郭を明瞭にしていきたい。

越川が取り上げる事件の概要は次のようなものだ。２０１１年11月に、中学校３年生の生徒３人が「強要と暴力行為処罰違反」の疑いで逮捕されることとなった。逮捕された生徒らは、同級生を体育館脇に呼び出し、全裸になって排泄するように強要し、全裸姿を携帯電話で撮影し、投げ倒して足蹴りしたほか、事前に用意した汚物を手に持たせて担任の車に擦り付けさせたとされる。この事件が「いじめ」事件として社会問題化していく一方で、学校は「いじめ」という認識ではなかったという。

この事例は、学校が「いじめ」を認識していなかった事例ではあるが、学校が何も気づいていなかったわけではない。学校は、逮捕の原因となった暴力行為があったことも知っていたし、加害生徒らが学校生活から逸脱傾向にあることも把握していた。

では、なぜ学校は「いじめ」と認識していなかったのだろうか。越川は考えられる理由として以下の２つを挙げている。

一つ目は、加害生徒らの攻撃性が不特定の弱い生徒に向けられていたことである。たしかに、攻撃する相手が不特定だった場合には、いじめと呼ぶより単なる暴力行為として呼ぶほうが一般的な感覚に合致しているようにも思われる。

しかし、それよりもさらに越川が強調するのが二つ目の理由だ。それは、生徒間トラブルを「いじめ」だとすることによって、教師が日常的に蓄積した生徒理解に基づく対応が硬直化してしまう可能性があることである。

教師たちは、生徒間の多様な関係性や日頃の様子を把握しているため、過去にどのようなことがあったのかを含めてトラブルを理解したり対応を検討したりしている。この事例では、「学校に居場所がなく、弱い者への攻撃性を見せる加害生徒とその攻撃性に曝されやすい被害生徒」[vi]の問題を解決しようとしていたのであって、そこには「いじめ」という単純な言葉で表現できない、多様な「ローカル・リアリティ」が存在しているのである。

それにもかかわらず、学校で発生したトラブルを「いじめを見逃した学校の不手際」としてのみ総括してしまうと、教師たちが日々直面している「ローカル・リアリティ」を見落としてしまい、問題の解決から遠ざかってしまう可能性すらある。このような事情も併せて考慮すると、「いじめ」定義が教員たちにあまり受け入れられていないことが理解可能になるのではないだろうか。つまり、教員たちのリアリティを切り捨てて単純化しすぎてしまった結果、「いじめ」定義は教員たちにとって受け入れ難いものとなってしまったように思われる。

表3　学校におけるいじめの実態把握の具体的な方法

区分（複数回答可）	平成25年度（2013年度）	平成26年度（2014年度）	平成27年度（2015年度）	平成28年度（2016年度）
アンケート調査の実施	95.5%	97.0%	97.7%	97.7%
個人面談の実施	83.4%	86.8%	88.1%	88.6%
「個人ノート」や「生活ノート」といったような教職員と児童生徒との間で日常的に行われている日記等	53.4%	53.9%	54.0%	54.1%
家庭訪問	57.6%	59.9%	61.5%	61.8%

表4　いじめ発見のきっかけ

区分（複数回答可）	平成25年度（2013年度）	平成26年度（2014年度）	平成27年度（2015年度）	平成28年度（2016年度）
学校の教職員等が発見	68.1%	66.0%	66.3%	66.0%
うち、アンケート調査など学校の取り組みにより発見	52.3%	50.9%	51.5%	51.5%
学校の教職員以外からの情報により発見	31.9%	34.0%	33.7%	34.0%
うち、本人からの訴え	16.8%	17.3%	17.2%	18.1%

越川の研究で示されたのは教員の「いじめ」と一言では括れない現実の豊かさだったが、「いじめ」に直接関わっている子供たちも「いじめ」という言葉で切り取れるほど単純な世界を生きているわけではない。こうした事情に起因する困難を次節では検討する。

個人の中のわかりにくさ

一旦ここまでの議論を振り返っておきたい。これまで、教員にいじめの判断を中断させ、「ローカル・リアリティ」を切り捨ててきた。その代わりに、被害者にその判断を委ねてきたのだった。このように、いじめの判断は教員がするものだとする認識から、被害者がするものだとする認識へと変化させられてきた。その結果、いじめの認知件数は増加してきたと考えられる。

また、それは被害者が「いじめ」被害を訴えることの助けになっていたとも考えられるし、なにより被害者に寄り添うための重要な認識の一つだったといえるだろう。では、その認識のもとでどのような「いじめ」対応策が講じられてきたのだろうか。

表3・表4は「いじめ防止対策の推進に関する調査（平成30年版）」の結果に基づいて文科省が作成した図表の一部である（一部表記の仕方を改めてある）。この調査によれば、いじめ発見のきっかけの半数以上がアンケートによる発見のようだ。

行ったアンケートがどのようなものかについては学校や地域ごとに違いがあるので把握することは難しいが、アンケートの基本的な性格として、基本的には質問紙が配布され（現在ではタブレット端末を利用した電子的な質問紙が配布されることもあるだろう）、それに子供が回答するのではないだろうか。

アンケートという装置は、子供がもっている「答え」を教員が知るための装置であり、子供が「答え」をもっていることを前提とする。表4をみてみると、こうした特徴をもったアンケートなどによるいじめの発見が、全体の5割強を占めている。また、「本人からの訴え」

表5　いじめの加害経験

	いじめをしたことがあると思う						
	とてもそう思う	どちらかといえばそう思う	どちらかといえばそう思わない	まったくそう思わない	わからない	答えたくない	計
小学生保護者	6	39	153	156	57	1	412
	1.5%	9.5%	37.1%	37.9%	13.8%	0.2%	100.0%
中学生保護者	6	47	153	146	60	0	412
	1.5%	11.4%	37.1%	35.4%	14.6%	0.0%	100.0%
中学生	24	78	64	168	67	11	412
	5.8%	18.9%	15.5%	40.8%	16.3%	2.7%	100.0%
計	36	164	370	470	184	12	1236
	2.9%	13.3%	29.9%	38.0%	14.9%	1.0%	100.0%

による発見も全体の2割弱にのぼる。子供が「いじめ」を認知し、教師がそれを教えてもらうことによる発見が全体の7割程度だといえる。

これは、文科省による「いじめ」定義が徹底的に被害者目線を貫き、客観的な事実よりも被害者の主観的な思いを優先したことの意図せぬ、しかし必然的な帰結であるように思われる。

しかし、この「子供」は「答え」をもっているということを前提にしてしまってもよいのだろうか。被害者が「いじめ」だと認識していなかった場合に、このような前提は「いじめ」を見えにくくしてしまわないだろうか。表5と表6は、我々が行ったいじめ経験に関する調査の結果である。

表5と表6は、それぞれ「いじめをしたことがあると思う」「いじめを受けたことがあると思う」という項目に対して当てはまるか否かを尋ねた質問に

表6　いじめの被害経験

	いじめを受けたことがあると思う						
	とてもそう思う	どちらかといえばそう思う	どちらかといえばそう思わない	まったくそう思わない	わからない	答えたくない	計
小学生保護者	21	112	142	73	64	0	412
	5.1%	27.2%	34.5%	17.7%	15.5%	0.0%	100.0%
中学生保護者	35	107	131	73	65	1	412
	8.5%	26.0%	31.8%	17.7%	15.8%	0.2%	100.0%
中学生	75	99	53	116	56	13	412
	18.2%	24.0%	12.9%	28.2%	13.6%	3.2%	100.0%
計	131	318	326	262	185	14	1236
	10.6%	25.7%	26.4%	21.2%	15.0%	1.1%	100.0%

対する回答の割合を示している。中学生に着目すると、加害者に比して被害者が多いことがわかる。

さて、いじめの加害経験と被害経験の状況を大まかに把握したところで、ここでは「わからない」とする回答に着目しよう。

まず加害経験では中学生全体の16・3％が加害経験があるかわからないと回答している。これは過去の自身の行為が「いじめ」だったかもしれないとする回答として捉えられる。割合で言えばおよそ6人に1人の割合で「わからない」と回答していることになるが、「いじめ」だったかもしれないと思う経験がある場合であっても、他に明確な「いじめ」の経験があれば「思う」と回答するはずだ。それゆえ「いじめ」だったかもしれない経験を有している子供の数はこの割合よりも多いと考えられる。

仮に「被害者が苦痛と感じるものすべて」がいじ

めだとする定義を踏まえるならば、被害者の心の内がわからないという一般的な理解のもとで、それが「いじめ」だったかどうかはわからないとするのは妥当なように思われる。

つまり、当該の行為が「いじめ」かどうかの判断は被害者に委ねられているため、加害者の側からは判断することが難しいこともあるだろう。被害者が明確に当該行為を「いじめ」だと主張しなかった場合には、それが何であったのか加害者は「わからない」と考えるのは無理もない。実際に被害者が「いじめ」だと思っていた場合もあれば、「いじめ」だとは思っていなかった場合も存在するだろう。

次に被害経験の「わからない」という回答についてもみてみると、中学生全体の13・6%が「わからない」と回答している。これは割合で言えばおよそ7人に1人程度となるが、加害経験と同様に、明確にいじめられた経験がある場合は「思う」と回答するはずなので、自身が受けているものがいじめかわからないという経験を有している子供は実際にはそれよりも多いと考えられる。

また、加害経験があると思う子供が24・8%であるのに対し、被害経験があると思う子供が42・2%であることを考慮すれば、自分が受けたことに対して「いじめ」かどうか「わからない」経験がある子供の数の増え方はより顕著になる可能性がある。

このように、自身の過去の経験を振り返ったときに「いじめ」かどうかの判断が難しいという事態がある。過去で起こったことですら決して少なくない人数が「わからない」と回答していることを考えると、現在起こっている事態が「いじめ」かどうかを判断することは非常に難しい判断であることが察せられる。

このように「いじめ」判断は当事者であっても非常に難しいものであるにもかかわらず、「被害者の立場に立つ」という大義名分のもとで文科省の定義では「被害者」にその判断を押し付けてきたし、その判断から教員や保護者らを排除してきた。被害者を尊重することが重要であることは言うまでもないし、文科省が展開してきた議論はそのための重要な布石の一つであった。しかし、ここに至ってまだ歩を進めることができるように思われる。それは、被害者の判断や思いを踏まえながらも教員をはじめとする第三者が協働して「いじめ」判断をしていくことである。必要なのは教員や保護者をいじめ問題から遠ざけ被害者にその判断を委ねることではなく、教員や保護者が子供と一緒に問題に向き合うための体制をつくっていくことではないだろうか。

ⅰ　2005年度における定義までは発生件数、2006年度における定義からは認知件数として数えている。

ⅱ　認知件数の上昇は「いじめ」定義の変更のみが要因ではないと考えられる。例えば、知念渉はいじめによる自殺事件の発生を認知件数の増加と結びつけた考察を展開している。（知念渉、2017、「『いじめ』問題がつくる視角と死角」片山悠樹・内田良・古田和久・牧野智和編『半径5メートルからの教育社会学』大月書店、193-2

13。）

iii 「いじめ追跡調査」では、「いじめられた」「いじめた」というように直接的にいじめの有無は尋ねておらず、「ひどくぶつかる・叩く・蹴る」「仲間はずれ・無視・陰口」のように具体的な行為の経験を尋ねている。そのため「いじめ追跡調査」の結果から「4割の子供がいじめを受けている」と結論するのはやや乱暴な議論である。とはいえ、多くの児童生徒がいじめと考えてもよいような被害を受けているとは言えるだろう。

iv いじめ自殺の議論として北澤毅の議論が参考になる。（北澤毅、2015、『「いじめ自殺」の社会学：「いじめ問題」を脱構築する』世界思想社。）

v 越川葉子、2017、「『いじめ問題』にみる生徒間トラブルと学校の対応——教師が語るローカル・リアリティに着目して」『教育社会学研究』101、5-25。

vi 前掲書15ページ。

第3章

オンラインへの誤解と期待：いじめ被害者の救済と加害者の発見に向けて

藤川　寛之

「ネットいじめ」の「わからなさ」

最近、オンライン空間（以後、「オンライン」）で起きるいじめ、すなわち「ネットいじめ」と呼ばれる問題が再び注目を集めている。

そもそも、「ネットいじめ」は2000年代後半に登場していたといわれている。その背景として挙げられるのは、言うまでもなく、子供たちの間で生じたインターネットの普及とユーザー数の拡大である。

総務省が公表した「平成18年通信利用動向調査報告書」では、小学生から高校生くらいまでの子供たちが、年々インターネットを利用するようになっている様子が見て取れる。

図1は、その調査結果を「全体」「6-12歳」「13-19歳」だけ示したものである。それをみると、小学生に該当する6歳~12歳のインターネット利用率（携帯電話での利用）が、2003年末では5・3%だったのに対し、ピーク時の2006年末には37・1%に増加している。

一方で、おおむね中高生に該当する13歳~19歳のインターネット利用率（携帯電話での利用）は、2003年末では48・9%だったのに対し、2007年末には77・3%にも急増している。ちなみに、総務省が2021年に実施した調査によれば、2020年末のインター

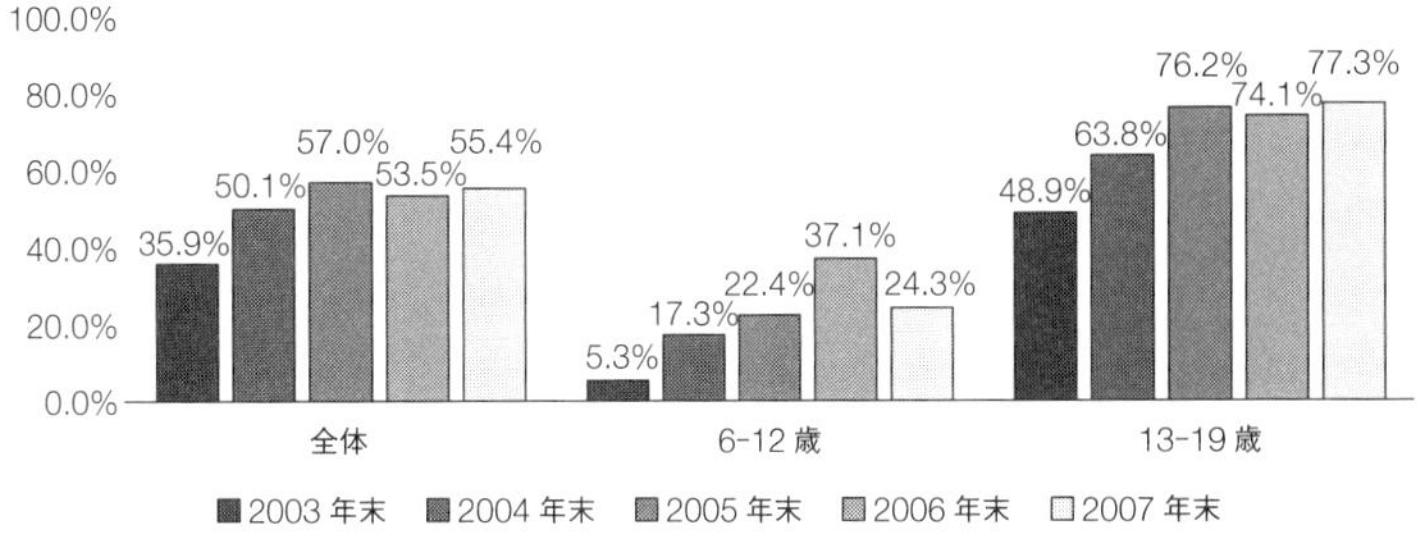

図1　2006年当時における若年層のインターネット利用率（携帯電話）
（総務省「通信利用動向調査報告書」より筆者作成）

ネット利用率（13-19歳）は98・7％となっており、そのうちの81・6％がスマートフォンで利用していることから、13～19歳のほとんどがインターネットを日常的に利用しているといえる。

こうしたなかで、荻上チキは「ネットいじめ」を「ネットを利用したいじめ」と定義し、例えば「学校裏サイト」と呼ばれるインターネット掲示板での「いじめ的書き込み」に関する調査を行っている。[i]

荻上は当時の「ネットいじめ」に対する大人（一部の研究者も含む）の反応について次のように指摘している。すなわち、大人はいじめがあたかもネットという技術によって引き起こされていると考えており、さらにそのネットが「ネット＝裏＝わかりづらいもの」なのだというイメージに寄り添って「ネットいじめ」を議論しているという。[ii]

本書が一貫して持っている問題意識は、「『わからない』という事態を知ることから始めよう」ということだった（「はじめに」を参照）。それに照らせば、「ネットいじめ」に関する議論はすでにその「わからない」ことを出発点としながら10年以上も蓄積されてきたといえる。

オンラインいじめについて残された課題

にもかかわらず、「ネットいじめ」は小学校や中学校において現在でも増加しているといわれている。その事実を踏まえると、「わからない」ことを出発点にしてきたこれまでの議論には、依然として何らかの課題が残されているように思われる。その課題を考えるにあたって、次の田川隆博の主張は示唆に富む。

「ネットいじめ」に関する新聞記事を分析した田川は、「ネットいじめ」がいじめをめぐる問題系（あるいは、問題群）ではなく「子供とケータイ」という問題系（群）の中で語られる傾向にあったことを指摘し、今後は従来のいじめ問題系が前提としてきた人間関係やコミュニケーションの問題として議論することが重要だと主張しているのだ[iii]。

つまり、これまでの議論は、「子供とケータイ（あるいはオンライン）」の間で起きている「わからない」出来事としての「ネットいじめ」を理解するために進められてきた。だが、それはいじめ問題という特有の文脈（いじめ特有の人間関係やコミュニケーションなど）を考慮したものではないということだ。

もっと言えば、大人が「子供とケータイ」の間で起きている出来事ばかりに関心を向けてきたがゆえに、かえって「子供」が「ケータイ（あるいはオンライン）」という存在に向けてきた認識をいじめ問題という特有の文脈の中で問い直す視点はこれまで看過されてきたといえる。

しかし、先述のとおり13歳〜19歳の8割以上が日常的にスマートフォンからオンラインに接続している現在、オンラインが彼らにとっていかなる存在であるかを問う視点は、オンラインで起きているいじめの実態を理解する上でも重要な視点を提示すると考えられる。さらに、その認識が大人と子供で異なるならば、その差異を真摯に受け止め、これからの議論を構築していく条件として把握しておくべきだと思われる。

特に、２０２２年度に内閣府が実施した「こども・若者の意識と生活に関する調査」の結果をみると、15歳〜19歳の男女１２９３名のうち68・７％がインターネット空間（ＳＮＳ、ＹｏｕＴｕｂｅ、オンラインゲーム）を「居場所（ほっとできる場所、居心地の良い場所）」だと思うと回答しており、10歳〜14歳においても同様の結果が示された。このような事実がオンラインで起きるいじめとどのような関係にあるのか検討が必要だと思われる。

そこで本章では、オンラインで起きたいじめや従来のいじめ問題において次の2点を考えていく。すなわち、①大人がオンラインをいかに認識しているのか、②それは実際のユーザーでありいじめの当事者でもある中学生の認識とどのような共通点や相違点があるのか、ということだ。

ところで、本章ではこれ以降「ネットいじめ」のことを「オンラインいじめ」と表記することとしたい。その理由は、本章が扱うのはあくまでも筆者らが行った調査(以後、「本調査」)が実施された2021年時点での出来事であり、2000年代の「ネットいじめ」と一応の区別をするためである。

2000年代当時に比べると、現在では「ネット」も格段に進化を遂げている。当時オンラインで子供が交流する場としてはインターネット掲示板や学校裏サイトが主流であったが、現在ではSNS(ソーシャルネットワーキングサービス)などに取って代わられている。そうした違いを踏まえ、本章は基本的に「オンライン」「オンラインいじめ」という呼び方で統一する。

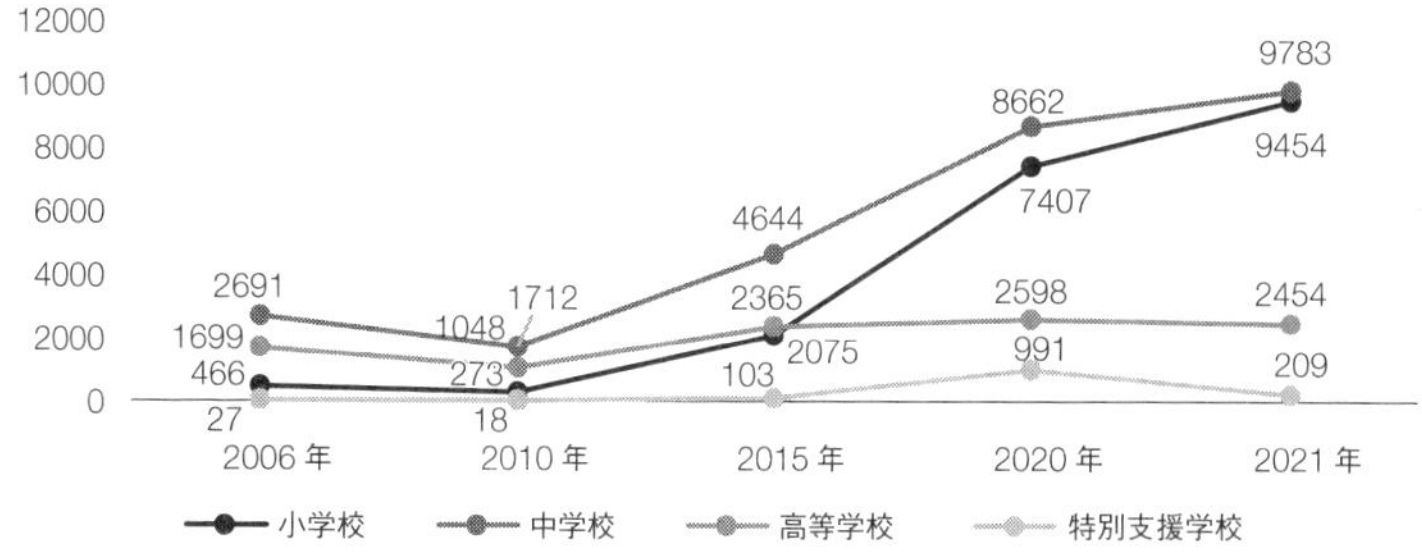

図2　オンラインいじめの認知件数
（文部科学省「問題行動調査」より筆者作成）

オンラインいじめの実態

本題に入る前に、そもそもオンラインいじめはどの程度起きているのか。ここでは、文部科学省が毎年公表している「児童生徒の問題行動・不登校等生徒指導上の諸課題に関する調査」（以後、「問題行動調査」）の結果と本調査の結果をいくつか示し、その実態を把握しておきたい。

まず「問題行動調査」の結果より、オンラインいじめの認知件数を確認しておく。ただし、認知件数が実際に起きた発生件数とは違い、教員が認知した件数であることには留意しながらデータを読んでいく。

図2は「問題行動調査」の中で、「パソコンや携帯電話等で、ひぼう・中傷や嫌なことをされる」件数を尋ねた結果を2006年から整理したものである。平たく言えば、オンラインいじめの認知件数がたどってきた変化

を表した図といえる。ただし、図には調査当初の２００６年と、２０１０年、２０１５年、２０２０年、そして著者らの調査が行われた２０２１年を掲載した。

図２をみると、小学校・中学校と高等学校・特別支援学校で異なる傾向があらわれていることがわかる。２０１５年を境に、小学校・中学校では増加傾向に転じているのだ。特に、小学校では２０１５年時点で２３６５件であったのに対し２０２１年では９４５４件であり、その増加率はいずれの学校段階の中で最も高いおよそ４倍にもなっている。

もちろん、この数字の背景についていくつか特殊な状況を考えておく必要はあるかもしれない。例えば、２０２０年に起きた新型コロナウイルスの感染拡大は、物理的に学校から子供たちを離し、さらにオンライン環境の発展にも寄与している。それらがオンラインいじめを単純に増加させたというのは想像に難くない。

さらに、それと関連して、教室や学校内においてＧＩＧＡスクールで配備された１人１台情報端末のチャット機能を用いたいじめが認知件数として取り上げられている可能性もある。ただ、いずれの事情を勘案したとしても、小学校や中学校における増加傾向は顕著なものとして理解できよう。

認知件数から読み解くオンラインいじめ

ところで、こうしたオンラインいじめは他のいじめに比べて特異的に増加傾向に転じているのだろうか。後で見るように、新聞記事を含むマスメディアでは、オンラインいじめが特異的に増えていることを強調し、その危険性を誇張するような論調が目立つ。荻上も教育関係者の「いまいじめは八割から九割がネットです」という発言を引用し、オンラインいじめが誇張されていることを指摘している。

しかし、加納寛子は日本の子供たちがネットいじめの被害・加害経験をするのは稀であると主張している。[iv] それゆえ、冒頭に紹介した荻上の「ネットいじめ」に対する大人のイメージに関する指摘も踏まえると、オンラインいじめが特異的に多くなっているわけではない可能性がある。

この可能性を検証すべく、ここでは再び「問題行動調査」の数字を参照し、認知されたいじめ全体のうち、オンラインいじめがどの程度の割合を占めているのかを確認しておく。図3はその結果を2006年から時系列に並べたものである。

この図3から、認知されたいじめのうちオンラインいじめが占める割合はほとんどの学校

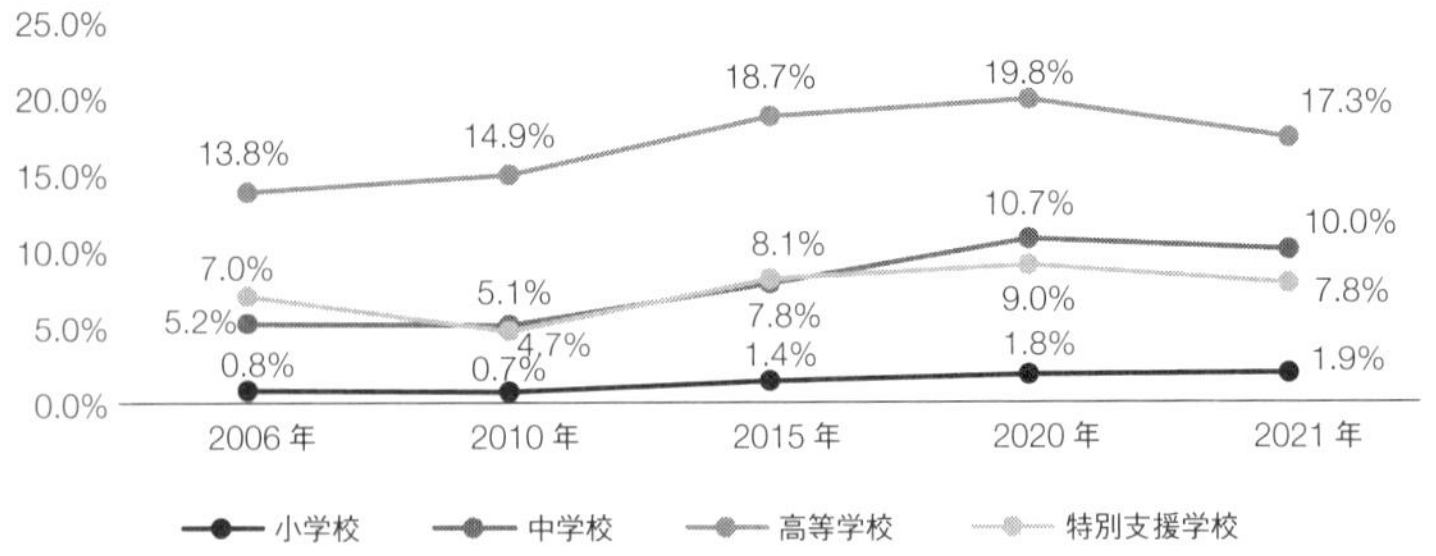

図3　認知されたいじめ全体のうちオンラインいじめが占める割合
（文部科学省「問題行動調査」より筆者作成）

段階で特に増加していないといえる。認知件数が急増していた小学校でも、最小値で0・8%、最大値で1・9%でありその差は1・1ポイントしかなく、値自体も低い。それは中学校でもほとんど変わらない。

したがって、小学校や中学校ではオンラインいじめが特異的に増加しているのではなく、認知されたいじめ全体が増加しているなかでオンラインいじめも増加しているように見えていたということだ。

他方で、高等学校に目を向ければ、オンラインいじめが全体に占める割合は常に15%前後を推移していることがわかるだろう。これは、むしろ他の学校段階よりもオンラインいじめがよく起きていることをうかがわせる結果とも読み取れる。

このように、オンラインいじめを単体で取り出して見るのではなく、いじめ問題という全体的な文脈においてその認知件数を読み解くことで、従来のオンラインいじめは既存のいじめと密接な関わりがあることがわかった。それは同時に、田川のいう従来のいじめ問題系の中で議論する必要性を再確認させてくれる。

オンラインに対する大人のまなざし

では、本題である大人や中学生の認識について検討していこう。これ以降では、第一に大人の認識を確認しつつその特徴を検討し、その知見を踏まえて第二に中学生の認識を検討する。

まず、大人がオンラインに対してどのような認識を持っているのか考える手がかりとして、次の新聞記事を紹介しておこう。この記事には大人がオンラインに対して抱く認識の特徴がいくつかみられるため、やや長いが記事のほとんどを載せておきたい（紙幅の都合上省略した箇所は（…）で示している）。

> 全国の小中学生に配布されたデジタル端末が、いじめを助長した可能性がある。文部科学省と各教育委員会は端末の使用実態を調査し、再発防止に努めねばならない。

東京都町田市で昨年11月、小学6年の女子児童が、いじめを受けたと訴える遺書を残して自殺した。市と教育委員会は、いじめ防止対策推進法に基づく「重大事態」と認定し、調査を始めている（…）。

問題なのは、学校で配布されたタブレット端末のチャットを使って、女児の悪口がやりとりされていたとみられることだ（…）。

国は「GIGAスクール構想」に基づき、1人1台の端末配備をほぼ終えた。コロナ禍でオンライン授業に活用する狙いは理解できるが、配布を急ぐあまり、使い方や利用ルールを十分に浸透させていなかったのではないか。

文科省は、改めて学校現場に周知徹底を図らねばならない。

SNSなどを通じた「ネットいじめ」は2019年度、小中高校などで過去最多の1万7924件に上った。小学生が3分の1を占め、低年齢化が目立っている。

ネットを使って他人を傷つける行為は許されない。児童生徒には、利用のルールやマナーを丁寧に指導することが重要だ。情報モラルについて、低学年のうちから授業で取り上げる必要もある。

スマートフォンやパソコンを使いこなしている児童生徒に、知識が追いつかない教員は多い。教員研修の充実なども課題だろう。

ネットでのいじめは周囲から見えにくく、被害者が一人でつらい思いを抱えやすい。安心して学べる環境を提供するのは大人の責務だ。学びに使う機材をいじめの温床にしてはならない。

（読売新聞「町田の小6自殺　端末をいじめの温床にするな」2021年9月26日朝刊）

この記事では、町田市で「学校で配布されたタブレット端末」によって起きた「ネットいじめ」を取り上げ、その規模が拡大していることと低年齢化していることに触れながら、「ネットいじめ」を断罪し、児童生徒の情報モラル向上にその対応を求めている。

当時はコロナ禍の真っ只中であり、「GIGAスクール構想」が前倒し実施になったからこそ、その運用には一定の注目が集まっていた。そうしたなかで起きた事件であるがゆえに、余計に「タブレット」「ネットいじめ」へと関心が向けられたのである。

こうした関心を共有する先の記事において、オンラインで起きるいじめに対して2000年代後半から引き継がれている大人の見方を確認しておきたい。

一つはオンラインという空間は見えづらく、いじめが起きやすいという見方である。これは冒頭にも紹介した「ネット＝裏＝わかりづらいもの」という構図と一致する。そして、その構図は「被害者が一人でつらい思いを抱えやすい」という理解と結びついている。

一方で、もう一つの見方は、オンラインいじめの責任が「スマートフォン」や「パソコン」が接続しているオンライン側だけでなく、そのユーザーである児童生徒の「使い方」や「利用ルール」といった児童生徒側にも帰される点である。この点は、田川の「ネットいじめ」が「子供とケータイ」の問題だという指摘とも一致している。

したがって、大人はいじめ問題に関わるオンラインを子供にとって危険な場として認識している。そのため、大人はそれを排除するか、子供自身にオンラインで生き延びる仕方を習得させなければならないと考えている。

大人はオンラインをどのように認識しているのか

以上のような大人におけるオンラインの認識について、本調査の結果も参照しておこう。

図4は、保護者と教員を対象に、いじめが起きやすいと思う場所はどこかを尋ねた結果を示したものである。それによれば、より多くの大人にとっていじめが起きやすいのは「休み時間の教室」であった。

一方で、「SNSなどのオンライン」についてみると、保護者では62・0%が、教員では

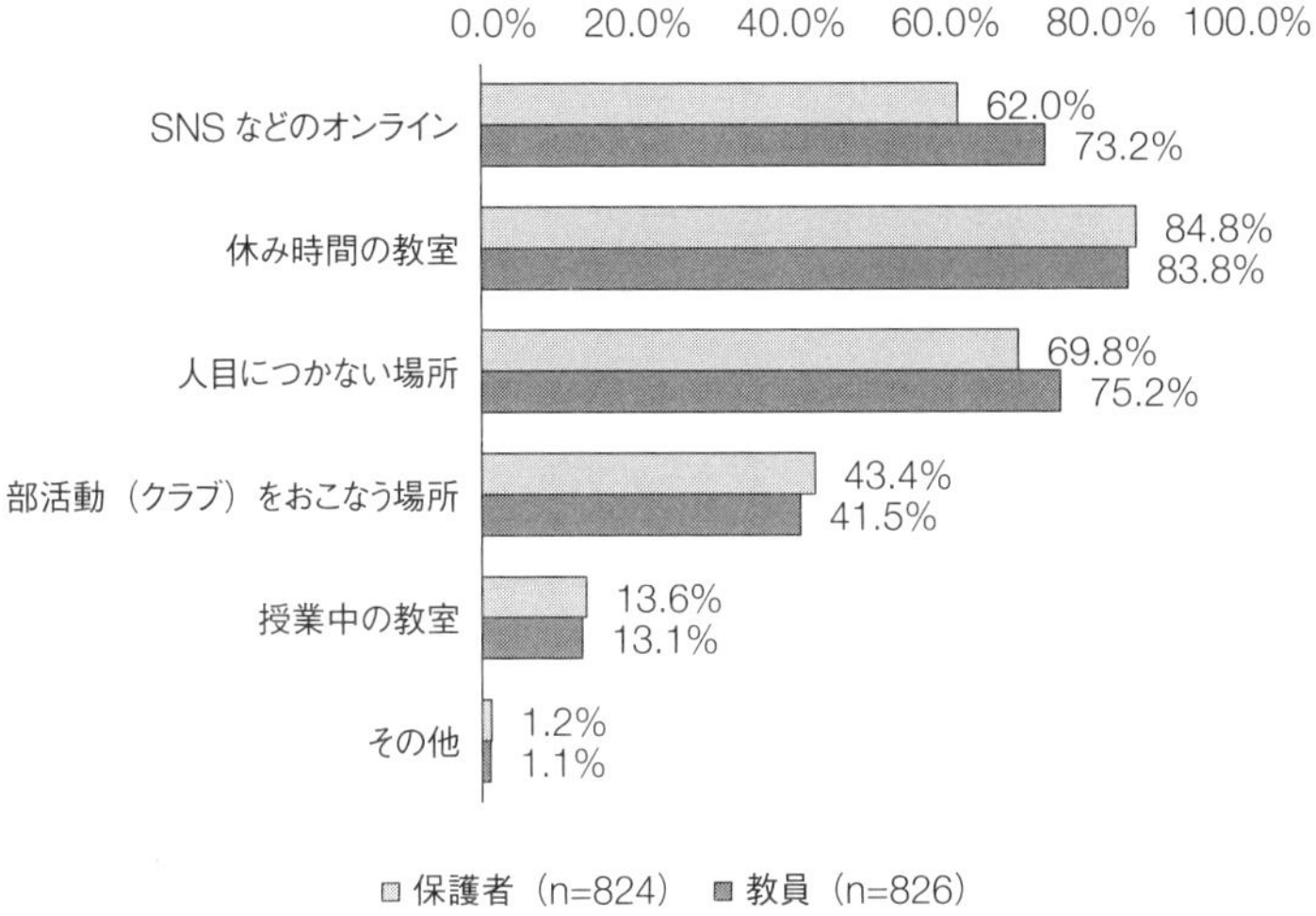

図4　いじめが起きやすい場所に関する大人の認識

73・2%が「いじめが起きやすい」と回答している。結果としては、「人目につかない場所」（保護者69・8%、教員75・2%）とほとんど変わらなかった。

つまり、保護者や教員といった大人は「SNSなどのオンライン」について、「休み時間の教室」ほどではないが、「人目につかない場所」と同じ程度に「いじめが起きやすい」場所だと認識しているのである。

それに対して、いじめ問題に限らず、オンラインが子供の居場所になるような効果的な機能になるとは大人の認識において想定されていない。

図5は、「子供が最も落ち着ける場所はどこだと思いますか」という質問に対

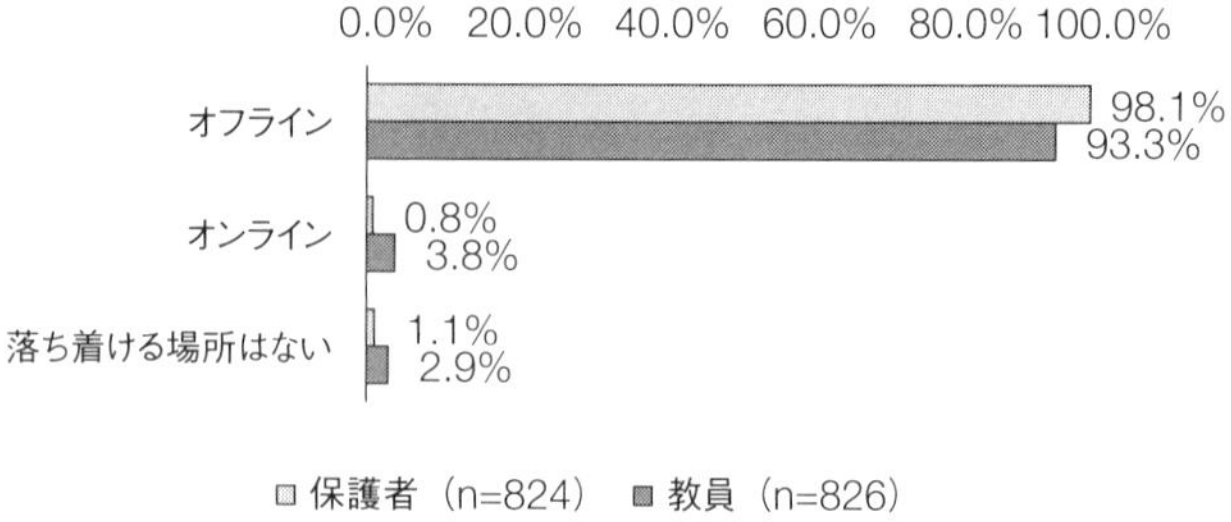

図5　子供の居場所をめぐる大人の認識

する保護者と教員の結果をまとめたものである。これによれば、ほとんどが「家」や「学校」といった「オフライン」と回答しており、「オンライン」については保護者がわずか0・8%、教員が3・8%であった。

もちろん、この質問は「最も落ち着ける場所」を尋ねており、2番目や3番目にオンラインが挙げられる可能性は否定できない。しかし、オンラインかオフラインで天秤にかけた際に、どちらかといえばオフラインのほうが居場所になると考えていることに変わりはない。

ここまでの結果が示しているのは、オンラインに対して否定的な意味を付与している大人たちの認識であり、その認識の中に「居場所」といった肯定的な意味はほとんど持ち込まれていないということである。

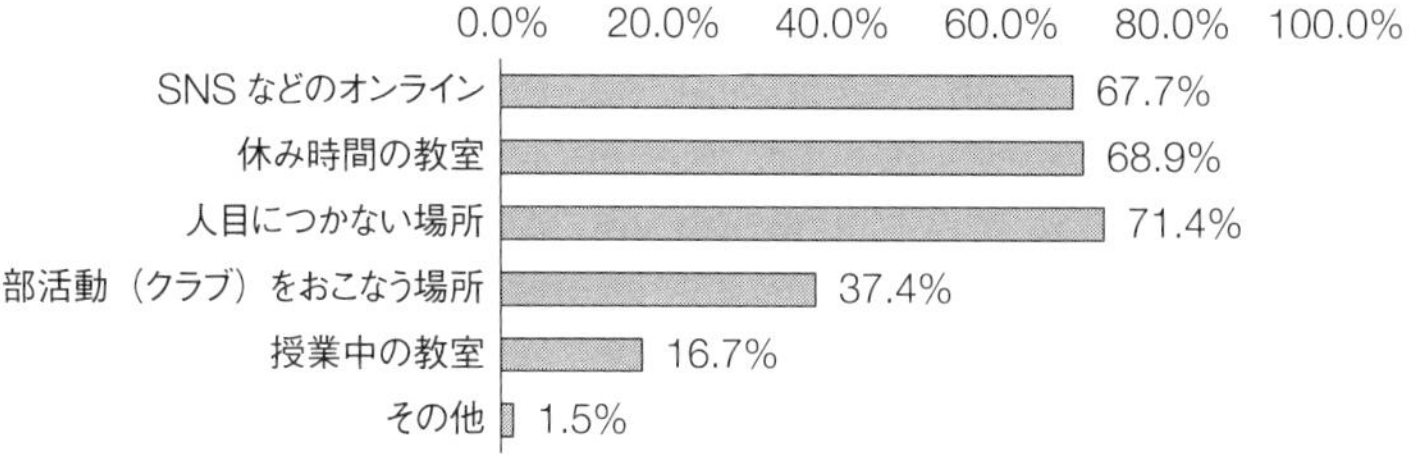

図6　いじめが起きやすい場所に関する中学生の認識（n=412, 複数回答可）

子供にとっても危険なオンライン

では、子供である中学生はいじめ問題におけるオンラインをどのように認識しているのだろうか。以下では、大人と同様に、「いじめが起きやすい場所」と「最も落ち着ける場所」を尋ねた項目を用いて、中学生の認識を確認していく。

まず、図6はいじめが起きやすい場所に関する中学生の認識を示したものである。これをみると、大人とは若干異なる特徴が見いだされる。大人の場合では「休み時間の教室」が特に高い傾向にあった。しかし中学生の場合には、「ＳＮＳなどのオンライン」（67・7％）が「休み時間の教室」（68・9％）や「人目につかない場所」（71・4％）と差がなくいじめが起きやすい場所として認識されているのである。

つまり、全体的な傾向としては大人とほとんど変わりない。ただし、大人が思っている以上に、中学生にとって「ＳＮＳなどのオンライン」がいじめの起きる場所として身近なものであることを示している。

オンラインは被害者の居場所にもなっている

ところが、オンラインが居場所になるかどうかについては、大人とまったく異なる傾向が分析の結果として示された。ここでは、いじめの当事者経験とオンラインの関係について検討を加えておきたい。

図7は、いじめの被害経験の有無と「最も落ち着ける場所」が「SNSなどのオンライン」であると回答した者の割合の関係を示している。言い換えると、いじめの被害経験がある者とない者で、「オンライン」が居場所になるかどうかを検討している。

これをみると、被害経験のある中学生はオンラインを居場所として認識している傾向にあることがわかる。具体的には、被害経験がある中学生のうち20・4%がオンラインを居場所として認識していた。一方で、被害経験がない中学生ではわずか7・3%しか居場所として認識していなかった。その間にはおよそ13ポイントの差があり、それは統計的にも有意であった。

しかし、いじめの加害経験に目を向けると事態は違ってくる。図8は、いじめの加害経験

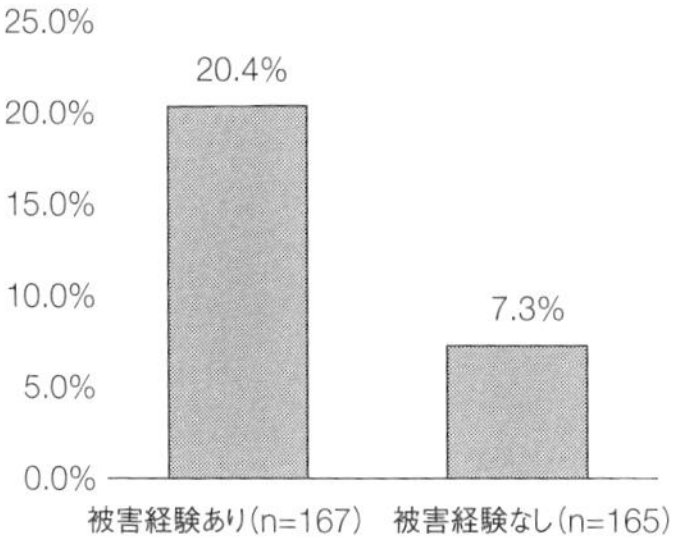

図7　被害経験と居場所としてのオンライン（p<.001）

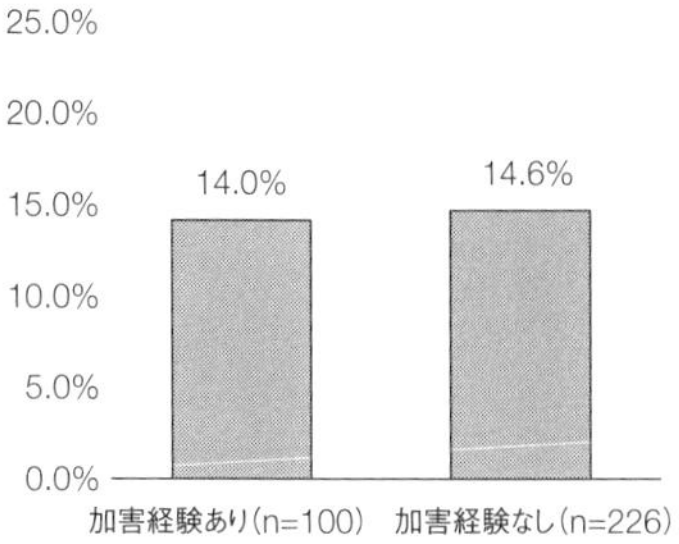

図8　加害経験と居場所としてのオンライン（n.s.）

の有無と「最も落ち着ける場所」が「ＳＮＳなどのオンライン」であると回答した者の割合の関係を示している。これをみると、加害経験の有無を問わず、中学生のおよそ14%がオンラインを居場所として認識していた。被害経験とは異なり、加害経験の有無の間にその割合の差はほとんど見ることができず、統計的にも有意な差は確認されなかった。

したがって、いじめの加害者であるかどうかと居場所がオンラインであることの間に関連はなく、その関連は被害者特有のものであるといえる。さらに、大人の結果（図５）と比較してみると、中学生との間には10ポイント程度の差があり、特にいじめ被害者との差は20ポイント程度ある。

ここで冒頭に紹介した内閣府調査の結果を振り返っておこう。２０２２年度に内閣府が実施した「こども・若者の意識と生活に関する調査」では、15歳～19歳の男女１２９３名のうち68・7%がインターネット空間（ＳＮＳ、Ｙｏｕ

Tube、オンラインゲーム）を「居場所（ほっとできる場所、居心地の良い場所）」だと思うと回答していた。また10歳～14歳の男女1520名についても、およそ6割がインターネット空間を「居場所」として認識していた。

したがって、中学生にとってオンラインは居場所になっており、さらに被害経験がある場合にはその傾向が強いことが認められた。もう少し踏み込んで言うならば、いじめ被害者である者はオンラインを居場所にしやすい傾向にあり、実際に居場所としてそこに居座っているのではないだろうか。

ただし、ここで注意が必要なのは、オンラインを居場所にしているからいじめの被害を受けやすいのではないかという可能性が理論的に想定されうることだ。しかし、オンラインを居場所にしているからいじめ被害者になるというのは、あまり現実的ではない。

なぜなら、オンラインいじめが学校というローカルな空間における人間関係を前提に展開していると考えられるからだ。いじめの発生メカニズムを学級や仲間集団のストレス解消に見いだした土井隆義の議論を踏まえ小針誠は、オンラインいじめの被害者がそうしたストレス解消のターゲットである「目立つ人」「嫌われている人」「陰キャラ（陰気なキャラクター）」「だれでも」と同様の存在だという。[v] つまり、オンラインいじめは学校というローカルな空間から生まれるのだ。

したがって、オンラインを居場所にしているからいじめの被害を受けやすいという理論的な可能性はそれほど現実的ではなく、学校というローカルな空間でいじめ被害者になるような子供がオンラインへと逃げ込んでいくのである。

オンラインへの誤解が生み出す帰結

ここまでの議論を踏まえると、中学生にとって、特にいじめ被害者にとって、オンラインは危険な場でもあるが、それと同時に居場所でもあることが考えられる。

実際、中学生を対象としたものではないが、「サードプレイス」と呼ばれるような家庭でも職場（や学校）でもない第三の居場所が、オンラインゲームを通じて人びとによって創発的に生み出されていることが研究によって明らかになっている。[vi] それは、オンラインという仮想現実の場が、もともとはそうでなくとも、子供が集い何らかの営みを実践していくことで居場所になる可能性を示唆するものである。

ところが、いじめ問題に直面した途端に大人の思考は停止し、先に見てきたようなオンラインを過度に危険視するような論理を発動する。

その論理に基づけば、オンラインでいじめが発生した際に、そのオンラインは排除されるべき存在となる。そこで物理的に排除されるのは、子供をユーザーとするスマートフォンやタブレットといったオンラインに接続された情報端末だろう。

そうして情報端末が被害者から排除されることは、被害者がオンラインに作り上げた居場所へアクセスする機会を奪ってしまう。さらに、それを奪うということは、相談・通報するパイプすら取り除くことを意味する。やや過激に表現するならば、オンラインの排除は子供を家庭や学校といった既存の集団に孤立させるのである。

つまり、大人の論理に基づいてオンラインを排除することは、中学生の居場所を奪い、相談・通報する手段の選択可能性を取りあげる。その結果として、有効であるはずの「対処」やそれをめぐるそもそもの議論が葬り去られる危険性があるといえる。有効であるはずの「対処」が子供に与えられぬまままいじめ問題をめぐる「いまここ」からオンラインを排除してしまうのは、あまりにも早計だろう。そのような誤解は直ちに見直すべきである。

オンラインに期待を寄せること

一方で、そうしたオンラインを排除することなく、新たな「対処」の拠り所としている活動も散見されるようになった。ここでは、自治体や民間企業の取り組みについて紹介しておきたい。

２０１１年にいじめ自殺事件が発生した滋賀県大津市は、２０１７年11月から「おおつっこ相談ＬＩＮＥ」という取り組みを実施していた。具体的には、市が運営する「おおつっこ相談ＬＩＮＥ」のアカウントをＬＩＮＥで友だち登録し、そこで相談員とチャット形式で会話するという仕組みである。その後「おおつ中学生相談ＬＩＮＥ」と名称を変え、２０２３年３月には取り組みが終了しているが、現在でも滋賀県を主体とした「こころのサポートしが」が相談窓口の役割を引き継いでいる。

この「おおつっこ相談ＬＩＮＥ」の成果について大津市は、２０１９年10月に効果検証に関する『平成30年度 大津市ＬＩＮＥを利用したいじめ等に関する相談受付に係る検証会議報告書』をまとめている。それによれば、２０１８年度において、既存の電話等を使った窓口での相談者数が32人であったのに対して、「おおつっこ相談ＬＩＮＥ」では１７１人であった。

また２０１９年に実施した中学生アンケート（ｎ＝１３２０）の結果をみると、ＬＩＮＥの相談窓口が相談しやすいと思っている割合は全体の60・5％であり、そのうちの85・6％がその最たる理由として「気軽に相談できるから」と回答している。

こうした結果をみると、既存の相談窓口に比べて、ＬＩＮＥという相談ツールが中学生と親和的である様子が見て取れる。

またLINEでは担保されづらい「匿名性」に関して焦点を当てたアプリケーションとして、スタンドバイ株式会社が開発している「STANDBY」というものがある。これは、児童生徒がいじめ等で悩みを抱えている際に、匿名で相談員に報告・相談できるツールであり、LINEに比べるとその精神的なハードルがより低い設計になっている。

オンラインは子供たちにとって居場所であったり、そこから被害者が必要とする機関とのネットワークを広げたりする役割を担っている。その役割は地方自治体を中心に子供たちの身近なものとなりつつあり、いじめ問題に対する「対処」として今後も発展していくことが期待される。

オンラインといじめ加害者の今後

最後に、欲張りかもしれないが、本章の内容を参照しつつ本書が掲げる別テーマである「加害者のオルタナティブ」について萌芽的な私見を付け加えておきたい。

小針誠はネットいじめの特徴として匿名性とそれから派生する問題を挙げている。その問題とは、だれがいじめに加担しているのかなど、加害者の特定が著しく困難であることであ

る。もちろん、この匿名性とはネットいじめの特徴というよりも、ネットそのものの特徴である。[vii]

しかし、ネットいじめにおいて加害者の特定が困難であるということは、逆に加害行為に巻き込まれた児童生徒が自身の行為をオンラインで相談（あるいは、告白）する可能性が残されていることに気づけるだろう。平たく言えば、いじめ加害者のグループで仕方なく加害行為をせざるを得なかった児童生徒が、匿名性の保たれたSNS等を通じてその行為を相談するかもしれないということだ。

もしその可能性が実証されるならば、教員らを含めた大人が加害者からオンラインを通じて加害行為を認知し、加害者と被害者の両者に向けて迅速な対応が可能になるかもしれない。

本書の「はじめに」においては、いじめ問題では加害が加害であるという認識が希薄だと指摘した。その背景には、何が加害行為であるかの判断をめぐる「わからない」思いも付きまとう。だが、加害を加害として児童生徒が相談することは、そのような「わからない」を加害者の側から「見える化」してくれるかもしれない。オンラインはそのような期待を実現する可能性を秘めているのだ。

ただ、こうした期待もまたオンラインをいじめ問題から即座に排除してしまうと想像できなくなる。いじめ問題において、狭窄した大人の誤解によってオンラインを安易に排除せず、それ自体が生み出してくれる新たな解決の糸口を探ることが今後の課題になるのは言うまでもない。

i　荻上チキ、2008、『ネットいじめ　ウェブ社会と終わりなき「キャラ戦争」』ＰＨＰ研究所。
ii　同上、引用箇所は136-140ページ。
iii　田川隆博、2012、「ネットいじめ言説の特徴――新聞記事の内容分析から」『名古屋文理大学紀要』12、89-95。
iv　加納寛子、2016、「ネットいじめとは」加納寛子編『ネットいじめの構造と対処・予防』金子書房、30-66。
v　小針誠、2010、「学校裏サイトにおける『ネットいじめ』の構造と対策」深谷昌志・深谷和子・高旗正人編『ユビキタス社会の中での子どもの成長――ケータイ時代を生きる子どもたち』ハーベスト社、67-74。引用箇所は70ページ。
vi　高田佳輔、2019、「大規模多人数同時参加型オンラインロールプレイングゲームのエスノグラフフィ――仮想世界において創発的サードプレイスをいかに生み育てるか」『社会学評論』69（4）、434-452。
vii　須田康之・西本裕輝、2010、「全国学校調査から見えてきたもの――これからの学校の役割」深谷昌志・深谷和子・高旗正人編『ユビキタス社会の中での子どもの成長――ケータイ時代を生きる子どもたち』ハーベスト社、31-44。

第４章

生徒の人間関係といじめを防止する教師の役割

澤田　涼

傍観者はワルなのか

生徒の間に起きるいじめの構造を説明するモデルとして、教育社会学の研究者・森田洋司の「いじめ集団の四層構造モデル」がある。[i] 森田が1985年に提唱し、いじめ現象を読み解く重要な説として大きな影響を及ぼしている。

この四層構造論によれば、いじめはいじめられる「被害者」といじめる「加害者」の二者関係のみでは成立せず、加害者に同調することでいじめに間接的に関与する「観衆」と、いじめの事実に見て見ぬふりをする「傍観者」がいることではじめて成立する。

ここで重要な存在が傍観者である。傍観者とは、その名のとおりいじめを傍観する者を指すが、森田によると、傍観する姿勢が加害者に暗黙の了解を与えてしまい、いじめを促進してしまうというのである。四層構造論において傍観者は自分にいじめの矛先が向かうことを恐れて「仲裁者」になることができず、いじめの状況を固定もしくは悪化させることになる。

つまり、被害者を加害者、観衆、傍観者が取り巻くようにグループダイナミクスが形成されていて、それがいじめの防止を妨げているというのが森田の提示する見取り図である。ここにおいて、加害者、観衆、傍観者といった、いじめを拒絶する生徒がいない集団の中でい

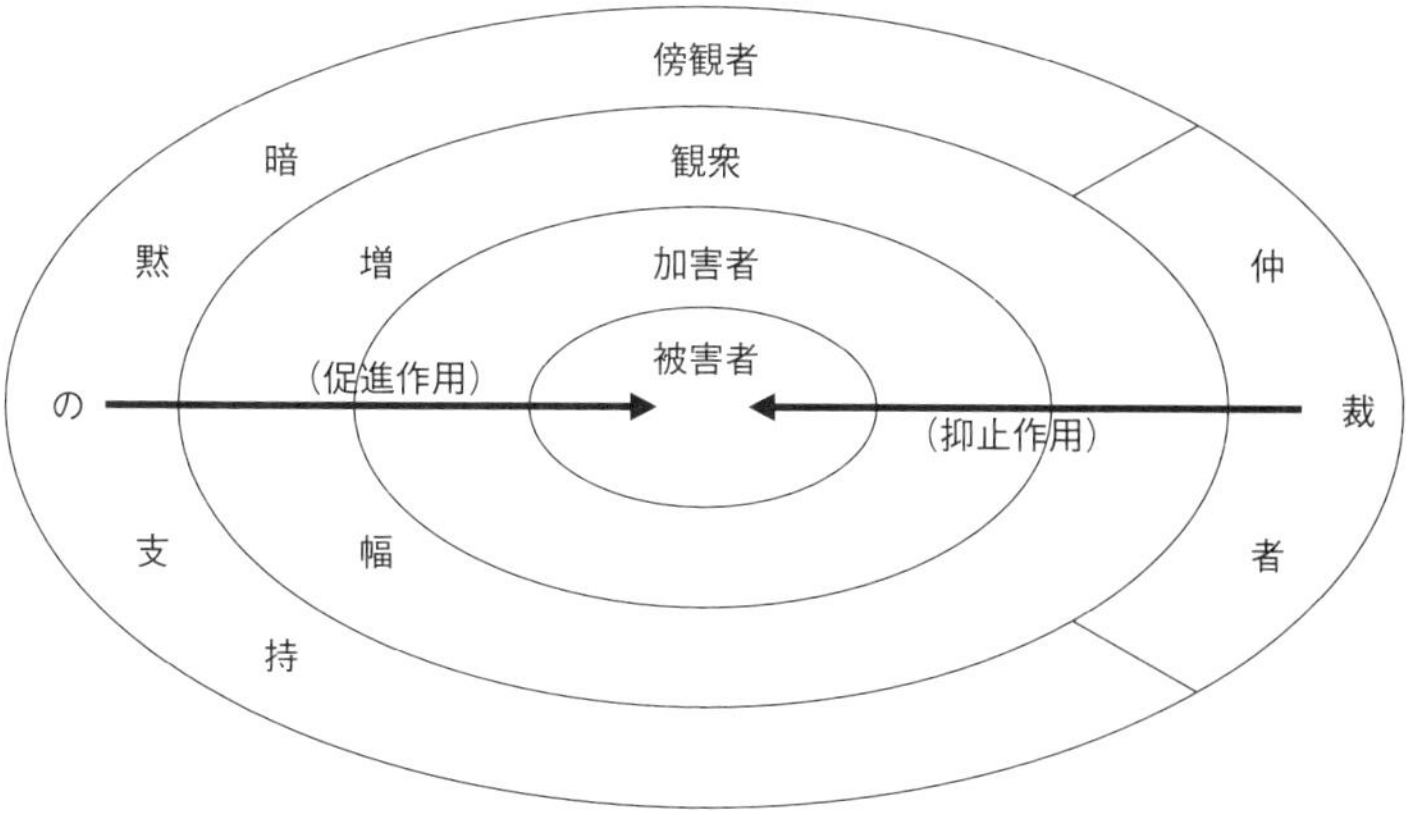

図1　いじめ集団の四層構造モデル　（森田 2010, p.132）

じめはエスカレートしてしまう（図1）。

このことから傍観者を危険視する考えが広まり、ついには中学生主体に行われた北海道旭川市のサミットでも、傍観者が加害者であるかのように扱われることさえあった（傍線は筆者）。

> 中学生たちは10班に分かれ、「いじめ防止条例における児童生徒の心構え」と「いじめの相談窓口」の二つのテーマを話し合った。「心構え」の議論では、中学生たちが目の前のいじめをどう認識し、どう予防し、どう対応するべきか、具体的な問いかけが交わされた。あるグループは「いじめを止めない傍観は、実際には加害を放置しているのと同じ。傍観者が通報者になら

なくてはならない」と提起。（中略）「だれもが加害者にも被害者にもなりうる。傍観者であってはいけない、と強く思った」と感想を述べた。
（朝日新聞デジタル「「傍観は、加害放置と同じ」旭川市の中学生、いじめテーマに議論」2022年7月27日）

果たして悪いのは傍観者なのか。そもそも、いじめは生徒が防止できる問題なのだろうか。四層構造論が教師の役割を度外視していじめの構造を読み解いたことで、社会をミスリードしてしまっているのではないか。最近では、評論家の荻上チキや憲法学者の木村草太も四層構造論に教師が位置していないことを問題視しており、教師に責任を求める見方が提示されている[ii][iii]（傍線は筆者）。

実際にはいじめに気づいていない児童や、教師など大人たちの役割が存在するはずですが、そうした人たちはこの図の中には描かれていません。そのため、「いじめはクラスメイト内で解決しなければならない」かのような印象を与えてしまいます。しかしこれは、この理論の限界というわけではありません。この概念図が独り歩きすることで、誤解を招きやすいということです。

（荻上 2018, p.119）

確かに、傍観者がゼロになれば、いじめはなくなるかもしれない。しかし、いじめ解消を子どもの責任にするのはあまりに危険だ。子どもには、学校で何の権限もない。むしろ、加害者の反感を買えば、次のいじめターゲットになる危険がある。「傍観者になるな」との指導は、責任感ある子どもたちを追い詰めるだけだろう。責任は、それを果たすだけの能力と権限がある者に課す。これが法の大原則だ。何の権限も与えられていない子どもに求めてよいのは、「加害者になってはいけない」ということまでだろう。

（木村 2022, p.40）

生徒を非難することには慎重になるべきだろう。そして、四層構造論が示してきた教師不在の解釈には注意を要する。以上より、本章では生徒の人間関係、生徒文化に注目しながら、教師の役割を模索していく。

被害者のための相談体制

まずは、文部省および文部科学省が示すいじめの定義を確認することから始めよう。文部省および文部科学省はいじめの定義の変遷をまとめているが、それによれば１９９４年度以降はいじめられた児童生徒、被害者の目線でいじめを認定している。いじめの定義として最も新しい２０１３年9月28日に施行された「いじめ防止対策推進法」においても同様に、被害者の目線を尊重している。詳しい内容については第２章を確認されたい。

また、いじめを早期発見するために、家庭や地域社会と連携して、いじめの相談体制を整備することも求められている。「いじめ防止対策推進法」では、被害者の目線を大事にするだけではなく、学校の責務として被害者を中心とする相談体制の整備を義務づけている。同法第16条によれば、次のようにいじめの早期発見のための措置として、学校がいじめに関わる相談体制を整備することを定めている（傍線は筆者）。

「いじめ防止対策推進法（平成25年9月28日施行）」

第十六条　学校の設置者及びその設置する学校は、当該学校におけるいじめを早期に発見するため、当該学校に在籍する児童等に対する定期的な調査その他の必要な措置を講ずるものとする。

2　国及び地方公共団体は、いじめに関する通報及び相談を受け付けるための体制の整備に必要な施策を講ずるものとする。

3　学校の設置者及びその設置する学校は、当該学校に在籍する児童等及びその保護者並びに当該学校の教職員がいじめに係る相談を行うことができる体制（次項において「相談体制」という。）を整備するものとする。

4　学校の設置者及びその設置する学校は、相談体制を整備するに当たっては、家庭、地域社会等との連携の下、いじめを受けた児童等の教育を受ける権利その他の権利利益が擁護されるよう配慮するものとする。

このように、現在のいじめ対応では、客観的に生徒の状況を捉えるだけではなく、生徒の主観的な現実を掬い上げることが求められる。そこで重要な要素を担うのが、被害者の主観を捉えるために教師が家庭や地域社会と連携して構築する相談体制ではないだろうか。

被害者の周縁から教師につながる

ところで、被害者はだれに相談するのだろうか。約25年前に森田がまとめた調査結果によれば、いじめられたことを話す相談相手は友達が上位を占めており、だれにいじめを止めてほしいかという問いについても、友達に止めてほしいという回答が最も高い[iv]。

私たちのいじめ調査（本調査）では、いじめられたときに最も相談したい相手を中学生に尋ねた。相談先を教師、保護者、友達、その他、相談したくない、の中から択一式で尋ねたところ、本調査結果によれば、いじめられたときの相談相手には保護者や友達の優先順位が高く、続いて相談したくないと回答した割合が高かった（図2）。

森田が複数選択式で相談先を尋ねているのに対して、私たちのいじめ調査では最も相談したい相手を尋ねているので形式は異なるが、現在まで変わらずに被害者の相談相手には友達が優先されており、友達は被害者にとってのセーフティネットになっているといえるだろう。つまり、被害者の視点に立ち返ると、そこに見えてきたのは、被害者が友達にＳＯＳを求める姿である。

ただし、友達であっても仲裁者になることは容易ではない。その理由として、荻上は以下

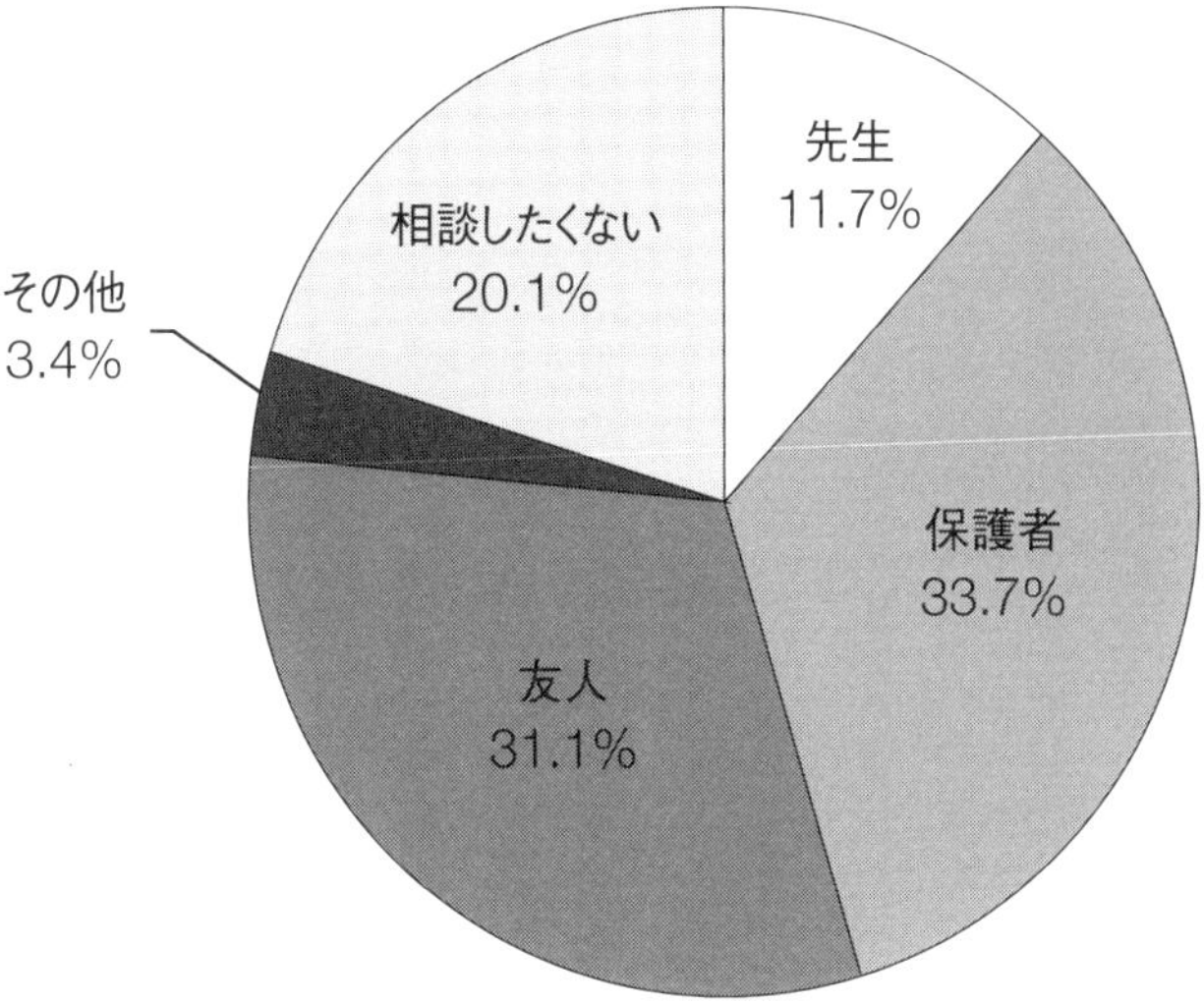

図2　いじめられたときに相談したい相手（n=412）

のように加えている[ii]（傍線は筆者）。

> 日本のいじめはコミュニケーション操作系が中心です。特に中学生になると、その傾向がより顕著になります。そして、コミュニケーション操作系のいじめは、暴力系のいじめのように、その場で「やめろよ！」と言って止めることができるようなものではありません。年齢が上がるとともに「知らぬ存ぜぬで通したがる」人が増えていくというよりは、年齢が上がるとともに、仲裁することが難しいいじめが増えるため、「仲裁者」の割合が減ると考えるのが適切でしょう。（荻上 2018, p.120）

被害者は友達に相談する。しかし、殴る、蹴るといった暴力系いじめに対して、嫌な噂を流す、無視するといった教師の目を盗んで行われるコミュニケーション操作系が中心であるために、友達はいじめへの介入方法がわからず、仲裁者に転じることは困難を極める。ここに、生徒の人間関係の中で解決する術がわからないために、友達も悩んでいることが予想される。友達自身が仲裁することに固執せずに、いじめを察知したらだれかに知らせるということが重要になる。

そこで、私たちのいじめ調査では、いじめを目撃したときに最も相談したい相手を尋ねた。いじめられたときと同じく、相談先を教師、保護者、友達、その他、相談したくない、の中から択一式で尋ねたところ、いじめを目撃した場合については教師が高い割合であった。また、いじめられたときと比べて、相談したくないと回答した割合は低かった（図3）。

以上の結果を踏まえると、被害者が直接的に教師に相談するというよりもむしろ、いじめられたことを相談された友達などの周囲の生徒からの相談によって、間接的に被害者が教師とつながっているといえる。実際に、私たちのいじめ調査では、いじめられたときの相談相手については教師に相談する割合は低いが、いじめを目撃したときには教師が最頻値の相談相手となっており、周囲の生徒を媒介した相談体制には検討の余地があると思われる。

つまり、周囲の生徒は教師がいることで相談者になりうるのではないか。相談したくない

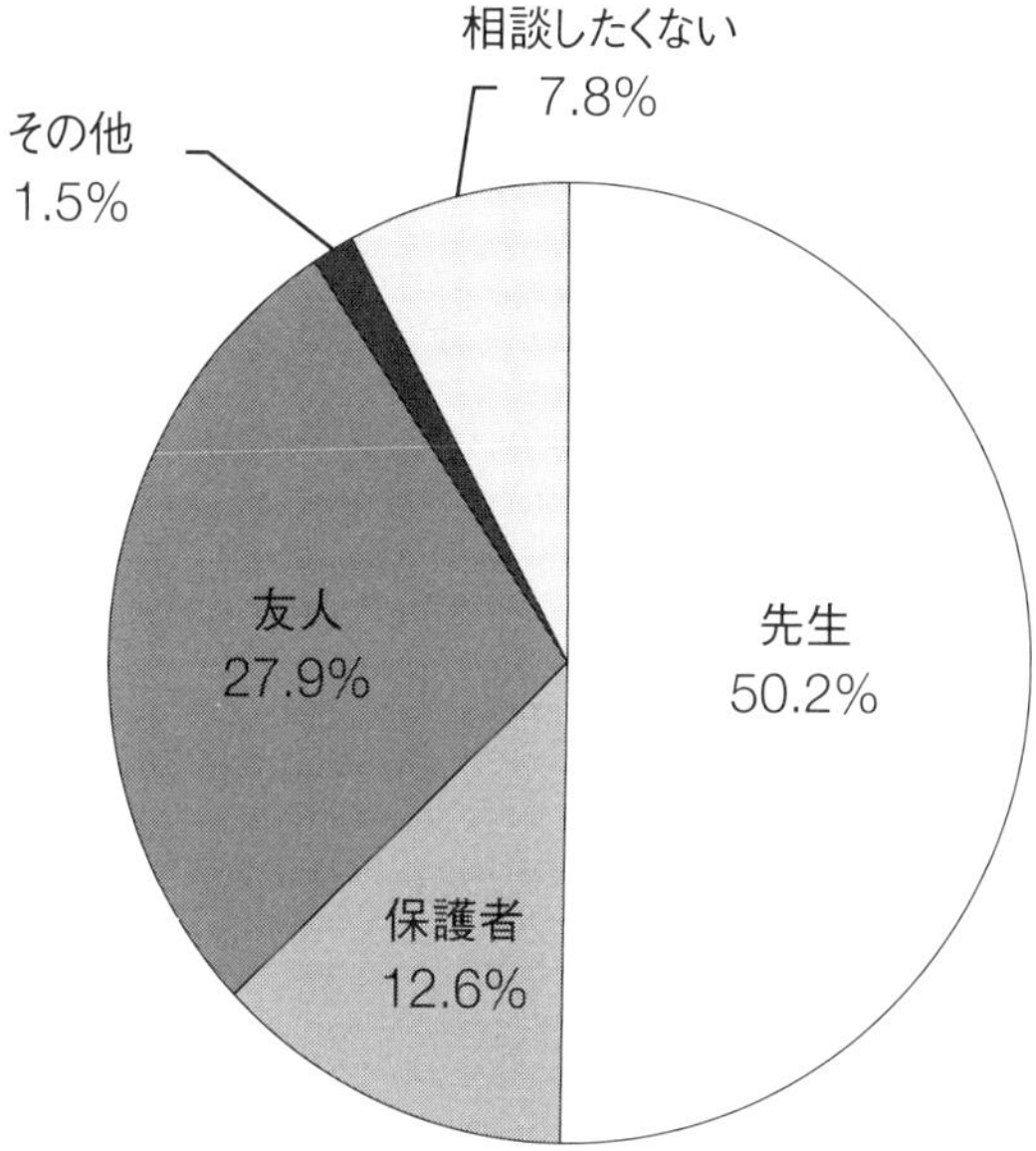

図3　いじめを目撃したときに相談したい相手（n=412）

割合もいじめを目撃した場合には低く、周囲の生徒が相談することには期待が持てる。

したがって、生徒の人間関係の中でいじめの防止策を導くことは難しいだろう。そこに教師を位置づけることで、周囲の生徒を教師に相談する相談者へと転換し、被害者の相談が相談者を通じて教師に伝わる可能性を探りたい。こうして、教師の介在によって相談者というアクターが出現し、教師は相談体制を確保できるのではないか。

わからない教師にできること

被害者の相談先からわかることは、友達であっても仲裁することが困難な状況と、それに伴って教師に求められる役割である。つまり、生徒の人間関係の中でいじめを防止することは難しいが、教師が相談者を介していじめを防止する可能性を内包する。

しかし、周囲の生徒が相談者になることにも問題が残る。教師に相談することはチクリだと言われて、自分が代わりにターゲットになってしまうことさえも起こりうるからである。私たちのいじめ調査では、教師にいじめを伝えた場合の報復に対する認識を確認した。その結果、教師にいじめを伝えることで仕返しされると思うと回答した割合が半数以上を占めていた（図4）。

また、本調査結果によれば、いじめの報復の認識について、「あなたは学校の先生と学校での出来事についてよく話していますか」という設問との関係を確認したところ、教師と日常的な会話を交わしていない生徒ほど教師にいじめを伝えることで仕返しされると思うと回答した割合が高かった（図5）。

つまり、教師との日常会話が減ることで仕返しを恐れてしまうという悪循環に陥っていた

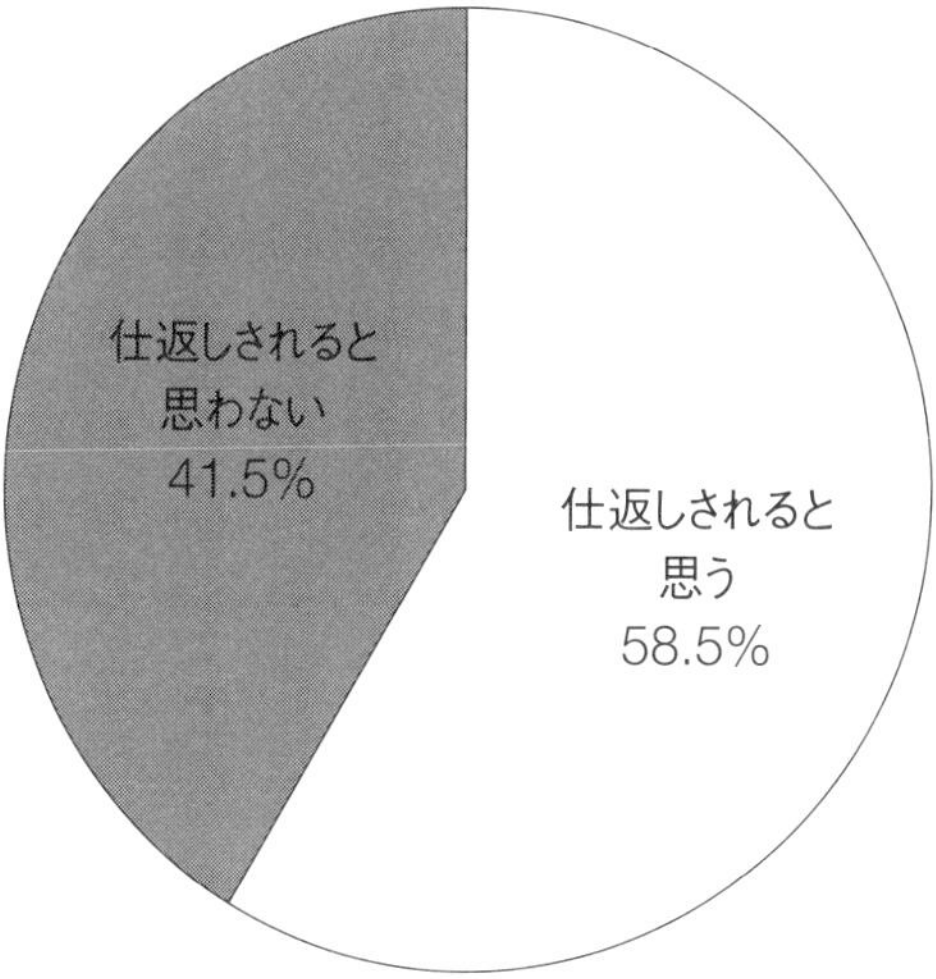

図4　いじめの報復に対する認識（n=357）

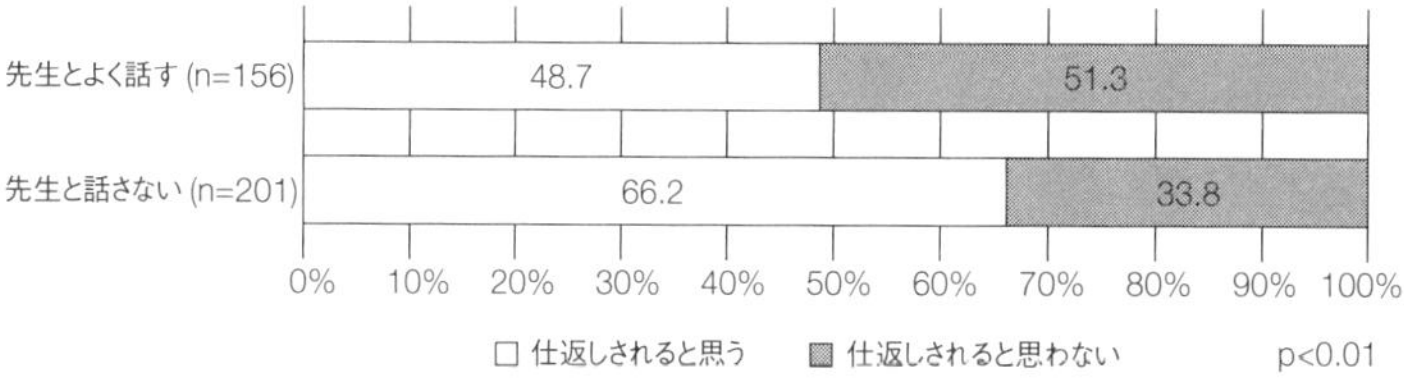

図5　教師との会話といじめの報復に対する認識の関係

のである。

教師は生徒からの相談を待つばかりではなく、自発的に声をかけて生徒が相談できる環境をつくることが望まれるのではないだろうか。前出の木村のコメントには続きがある[iii]（傍線は筆者）。

> 大人への通報など、いじめ防止対策への協力を求める場合には、通報者の秘密厳守、逆恨みによる攻撃からの実効的な保護措置（加害者のクラス替え、出席停止等）を約束せねばならない。他方、いじめ防止の能力と権限を持った大人は、決して「傍観者」になってはいけない。大人には、それぞれが持つ能力・権限に応じて、果たすべき役割がある。
>
> （木村 2022, p.41）

教師はさらなる被害に激化していかないように細心の注意を払いながら、いじめを相談しやすい状況を創出するべきだろう。相談者がいじめの標的になる恐れを考慮すると、日常的な会話を交わすというような生徒との関係性を意識して、教師の側からアウトリーチすることが重要になる。こうして、教師がいじめの事実を確認する一助となりうる。以上を踏まえると、教師がいじめを防止するために生徒に働きかける方法には工夫が必要である。

教師が築くピア・サポートプログラム

それでは、教師はどのように生徒に働きかけて、いじめの防止策につなげることができるのか。教師が誘発する実践的なプログラムの一つとしてピア・サポートプログラムがある。「ピア・サポート」とは、仲間同士で相互に支え合う活動を意味し、生徒は仲間を思いやり支える実践活動を行う。

ただし、ピア・サポートを支えているのは教師にほかならない。仲間支援を制度的に取り入れたピア・サポートプログラムは、教育課程に位置づけて方向性や目的を示すので、教師が学校の実態に応じて設定し、教師主導で生徒が務めるピア・サポーターを育成するからである。教師とピア・サポーターの相互作用のもとにいじめを防止する。

当該分野の第一人者であるレイ・カーも、ピア・サポーターが仲間を支援していくためには自己探求と意思決定を可能にするだけのコミュニケーションスキルが要になると説いており、そこには指導者のスーパーバイズを謳っている。[v] つまり、仲間支援を意図するピア・サポートではあるが、ピア・サポートを通じていじめを防止する学校風土を醸成するためには、ピア・サポーターに寄り添う姿勢やピア・サポーターの成長を育むトレーニングなど、教師の介入が不可欠であることを強調しておきたい。

ピア・サポートプログラムを経験した影響力ある人物には、世界的に有名な俳優、リリー・コリンズがいる。[vi]「白雪姫と鏡の女王（原題：Mirror Mirror）」や「エミリー、パリへ行く（原題：Emily in Paris）」などの作品に代表されるコリンズは、生徒としてピア・サポートプログラムに参加した経験を取り上げて、この空間の中で体験や感情を共有して、仲間同士支え合ったことを懐古している。そして、傾聴力や発信力を身につけてピア・サポートに取り組んだことで、いじめ防止についても啓発している。

日本でも、静岡県藤枝市が「いじめを許さない学校づくり」「思いやり溢れる学校づくり」を掲げて、市内27の全小中学校で「ふじえだ型ピア・サポート」に取り組んでいる。[vii]「ふじえだ型ピア・サポート」では、教師の指導・支援のもと、生徒がピア・サポートプログラムで育む知識やスキルを活かしながら、友達を思いやり、支え合う学校風土をつくろうとする。

このように、ピア・サポーターは生徒の人間関係を教師に見守られている安心感から、時には被害者に寄り添い、時にはいじめを教師に相談する役目を果たす。また、ピア・サポーターとして受けるトレーニングの過程で規範意識を育み、他者を支援するスキルを磨くことで、いじめの被害者と加害者の間に仲裁して対立問題の解決を手助けすることも実現できるだろう。つまり、教師が後ろ盾となることでピア・サポーターは報復を恐れない安全な空間で活動することができる。

以上より、ピア・サポートプログラムはピア・サポーターへの安心感と能力の向上をもたらしていじめ防止につなげる方法であり、教師発信で生徒を相談者、さらには仲裁者に変える制度として見込める。教師が教育的な働きかけを行うことで、生徒は教師に相談できる体制を整えて、教師不在の場面でもいじめを止められるようになるのではないか。

教師は家庭・地域社会・学校の架け橋

生徒の理解者である教師の存在は、家庭・地域社会・学校との連携にも欠かせない。教師が外部の専門家と協働することで相談者や仲裁者を導くのである。

例えば、教師とは異なる専門性を持つスクールカウンセラー（SC）やスクールソーシャルワーカー（SSW）を配置して、生徒の心や生徒が置かれた環境に着目した指導を展開することができる。ピア・サポートプログラムに必要な研修などのトレーニングを考えるにあたり、学校の実態を把握した教師の裁量で大学の教職員などに委ねることも可能である。

このように、教師を中心に据えて外部の専門家に頼ることで、生徒のニーズや状況に基づいた見立てを共有することができるので、相談体制の周知が行き届く。また、教師だけで全てを抱え込むことがなくなり負担を軽減できるので、教師の長時間労働の是正にもつながる。教師が外部の専門家と協働するいじめ防止のための相談体制について、生徒指導に関する学校や教職員向けの基本書として知られる「生徒指導提要」では、学校組織の構成を次のように紹介している[viii]（傍線は筆者）（図6）。

学校いじめ対策組織が、いじめの未然防止、早期発見、事実確認、事案への対処等を的確に進めるためには、管理職のリーダーシップの下、生徒指導主事などを中心として協働的な指導・相談体制を構築することが不可欠です。組織の構成メンバーは、校長、副校長や教頭、主幹教諭、生徒指導主事、教務主任、学年主任、養護教諭、教育相談コーディネーター、特別支援教育コーディネーターなどから、学校の規模や実態に応じて決定します。さらに、心理や福祉の専門家であるSCやSSW、弁護士、医師、警察官経験者などの外部専門家を加えることで、多角的な視点からの状況の評価や幅広い対応が可能になります。

いじめの防止を目指すためには、教師の責任のもとで外部の専門家と協働する体制を整えて、家庭や地域社会を巻き込むことが求められる。つまり、教師が学校の環境変化を企図し

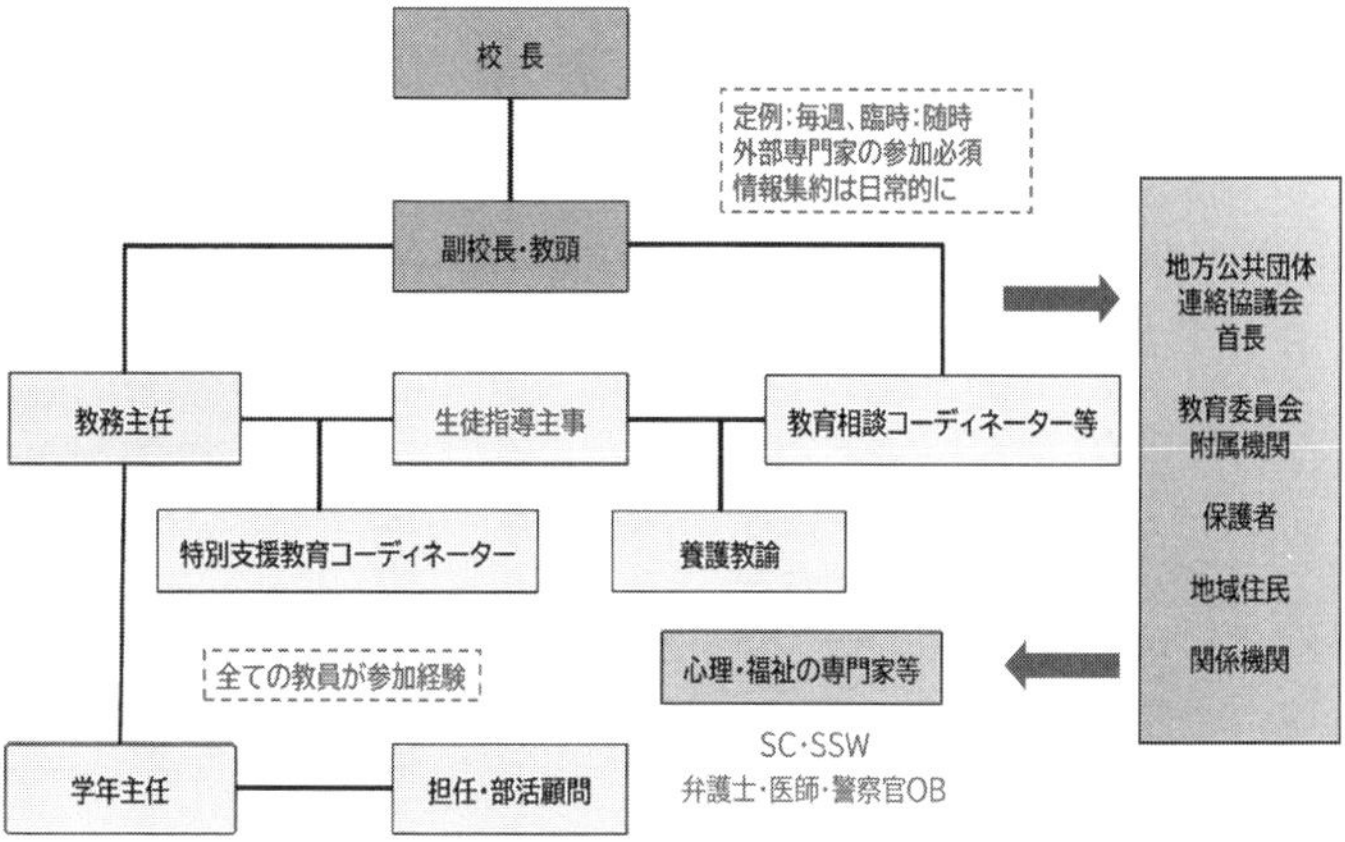

図6　学校いじめ対策組織の例　（文部科学省 2023, p.126）

て、家庭、地域社会、学校の架け橋になることで、生徒に働きかける指導の幅を広げることができるだろう。ひいては、いじめ許容空間の発生を防ぐ体制をつくることができる。

教師がつくるいじめ防止の相談体制

本章では、四層構造論における教師の位置関係を踏まえることで、教師と生徒のインタラクションに期待を寄せた。教師―生徒の関係性が生徒の人間関係に変化をもたらし、いじめ防止の相談体制を成り立たせるということだ。

つまり、被害者の周縁でいじめに加担していたとされる傍観者であっても、いざという時のよりどころとして教師が存在することで、いじめをめぐる相談者になりうる。四層構造論では見ることのできない、生徒に付与される立場の新たな可能性であったといえる。そして、学校の実態を把握した教師が家庭や地域社会、外部の専門家と連携や協働しながら生徒に近づく対策を講じることで、いじめの防止を促すことができる。

事実確認が困難ないじめについて、道筋を示すことができるのもまた教師である。教師には、いじめ防止のための相談体制を牽引していく期待が高まっている。

i　森田洋司、２０１０、『いじめとは何か――教室の問題、社会の問題』中央公論新社。
ii　荻上チキ、２０１８、『いじめを生む教室――子どもを守るために知っておきたいデータと知識』ＰＨＰ研究所。
iii　木村草太、２０２２、『木村草太の憲法の新手3』沖縄タイムス社。
iv　森田洋司・滝充・秦政春・星野周弘・若井彌一、１９９９、『日本のいじめ――予防・対応に生かすデータ集』金子書房。
v　Rey A. Carr, 1984, "Theory and Practice of Peer Counselling," *Educational and Vocational Guidance*, 42: 1-10.
vi　Lily Collins, 2017, *Unfiltered: No Shame, No Regrets, Just Me*, New York: HarperCollins Publishers.
vii　藤枝市教育委員会、２０２３、「ふじえだ型ピア・サポートとは」、藤枝市教育委員会ホームページ（https://www.city.fujieda.shizuoka.jp/soshiki/kyoiku/kyoikuseisaku/gyomu/1/1445919312757.html）最終アクセス２０２３年9月21日。
viii　文部科学省、２０２３、『生徒指導提要』東洋館出版社。

第5章

いじめをめぐる現場の判断の難しさ

内田　良

文部科学省のいじめの統計的な認知件数は、この10年ぐらいで激増している。本章では、いじめ認定はどのように行われているのか、実際に現場の先生に話を聞くことにした。答えてくれたのは、小学校に勤務するアイ先生（仮名）。いじめの事実認定の難しさや保護者対応の大変さを語ってもらった（聞き手：内田良・取材日：2023年7月15日）。

いじめ認知件数の実態

内田 まずは、いじめ認知の変化について伺いたいのですが、アイ先生は小学校教員を何年経験していらっしゃいますか。

アイ 9年になります。

内田 ちなみに認知件数というのは、いじめが本当に起きているかということではありません。その中で実感として、認知の件数が増えてきたということはありますか。

アイ そんなには思わないですね。ただ、全校で共有する場があって、頻度が高まったというか、ちょっとした事件でも記録に残すようになりました。

内田 それがたぶん認知件数として上がっていくんでしょうね。

アイ　9年前と比べると記録することは増えましたね。起きたトラブルに対応していくことは同じですが、それをきちんと記録して共有することは増えたと思います。ただ、すごく増えたとは思いません。

内田　ご自身としては1年に何件ぐらい書くのですか。

アイ　1件あるかないかです。

内田　そのときの一般的な手続きはどんな感じなのでしょうか。いじめっぽいものを見て、どういうふうにして、だれが動いて、だれが書類をどんな感じで作成されていくのでしょうか。

アイ　書類は教職員ならだれでも見られるフォルダに入っていて、何かがあればそこに書いてくださいとなっています。それがずっとストックできるようになっていて、何年度入学生、何年度入学生……と6年間ずっと見られるようにしてあります。

内田　みんなが見られるようになっているんですね。

アイ　はい。そこに書き込んでいます。いじめらしき事件を発見したとなったら、複数で対応したいからです。自分一人だけでというのはちょっと怖いと思うので、学年の先生とかに相談してこういう訴えがあるということで、まずは訴えてきた被害者側に話を聞いて、相手はだれかということで加害者側にも話を聞いて、お互いに聞いた話で何か違っていることがあったかを確認します。

内田　被害者だけではなく、当然、加害者にも話を聞くわけですね。

アイ　聞きます。それぞれの内容を擦り合わせて話を聞く感じです。それで、その内容を書類に書き込んだり、あとはいじめ・不登校対策委員会というものがあるので、その場で当のケースについて報告します。

内田　今の話だと、ちょっとしたトラブルがあった感じで、いきなり重大な問題ではないと思うのですが、それは作る資料としてはA4で1枚ぐらいですか。

アイ　ちょっと書き込むぐらいのものはそこまではありません。エクセルの欄に、関係者の名前と日にち、概要、それからだれが指導したか等を書いていきます。これは、いじめかどうか以前に学校内で共有するための記録で、教育委員会に届けるものではありません。やはりこれはいじめ事案だとなったときには教育委員会への報告がいるので、その報告用紙はA4で1枚ぐらいになります。それから、これが見守り事案なのか、まだ対応が必要なのかという判断については管理職か教育委員会だと思います。

内田　エクセルのものは書き込んだらどうなるのですか。終わったら終わったみたいなことを書き込むのでしょうか。僕の記憶があいまいなのですが、教育委員会向けの報告資料だったか、事案の進捗状況を毎月書かされると聞きましたが。

アイ　はい。いじめ認知となれば3カ月間、被害者本人に聞かなければいけないので。本人と話し合う場をもって、どうしたら解決になるかを聞きつづけます。

内田　アイ先生自身は、3カ月間の資料を作成したことはありますか。それと、3カ月間の記録というのは、毎日とるわけではないですよね。

アイ　私個人は、そこまでのケースに出会ったことはないです。3カ月間の記録は、毎日ですよ。それで3カ月経って問題がなければ、解消となります。

内田　毎日ですか。聞かれるほうも嫌になってしまわないのか、いや、うれしいのかな……。ちなみにそのときは加害者にはあまり話を聞かないのですか。

アイ　私は経験がないのでわかりません。ただ、加害者に聞くこともあるようです。

内田　改めて確認ですが、エクセルに入力しているのは、いじめの認知件数としてはカウントされていない可能性が高いですよね。

アイ　はい、校内で共有されるだけです。

内田　先生が気になった事案すべてが、いじめとして正式にカウントされるわけではない。もし、いじめの定義をゆるくした場合は、そういうこともカウントされうることになるのでしょう。

事実認定の難しさ

内田　ここからもう少し具体的な事例を伺います。今回のインタビューに先だって、以前に、アイ先生の学校で、ある子が「石を投げつけられた」と訴えてきた一方で、投げた疑いをかけられた子どものほうは、それを認めなかったと。

アイ　はい、ありました。

内田　改めてお話しいただけますか。というのも、いじめの事実認定がいかに難しいかということが、世間では驚くほど理解されていません。「学校はいじめを隠蔽する」とよく非難されますが、そもそも何が起きたかがわかっていないケースが多々あるのではないかと思うのです。もちろん、「学校はいじめを隠蔽する」こともありますす。ただそれだけで、いじめを説明し尽くすことはできないでしょう。定型的な語りとは別の語りの可能性も、私たちは模索せねばなりません。

いじめが起きた、学校はまずそれを隠蔽したがる、教育委員会も隠蔽したがる……。そんなふうにでき上がったストーリーで学校を叩いても、実際に苦しんでいる子供と向き合っているかというと、そうではないですよね。ただ学校を叩いて何か解決した気になっている。学校を叩いて、満足して終わっているだけかもしれません。

アイ だから、何が起きているかを一回ちゃんと考えようと思っているときに、アイ先生からその話を聞いて、本当にそうだなと思ったのです。

わかりました。これは子供たちが学校から帰った後の話です。当時、4年生の2人が、私のクラス（5年生）の2人の男子から石を投げられました。うちの学校では、帰宅後にまた学校に遊びに来ることができます。学校によっては入れないところもあるし、地域の人ならだれでも入れるところもあります。

そのときに事件が起きました。なので、だれも見ていなくて、当事者の子供に話を聞くしかありませんでした。

内田 完全に放課後だから、まわりにだれもいなかったわけですね。

アイ はい。そのときに何かの作業で私たちが外に出たら、4年生の子が「5年生が石を投げてくる」と言ってきたのです。すぐに4年生の先生が5年生の2人を呼んで話を聞いたのですが、彼らは「絶対に投げていない」と言うんですよ。

内田 ある意味、初期対応は迅速だったわけですね。教員は学校にいたし、4年生の訴えがあって教員はすぐに動いた。その場面では、被害者とされる4年生の担任が聞きに行ったのですか。

アイ そうです。その後で、5年担任の私に「ちょっと来て。2人は何も言わない」と言ってきました。

内田 事実確認という意味では相当迅速ですね。それで、子供のところに行って、話を聞いたのですか？

アイ はい。でも、行ったけれど彼らは何も言いません。

内田 やったとは言わないわけですね。4年生は何と言っていたのですか。

アイ 石をこっちに向かって投げてきた感じ、と。4年生はサッカーゴールの近くで遊んでいて、5年生がそこに石を何度も投げてきたと言っていました。

内田 いかにも日常的な風景ですね……。

アイ うちのクラスの子は「絶対にやっていない」と言うけれど、4年生の2人は「いや、投げてきた」と言う。

内田 それは、石を投げつけられた4年生の主張が事実だと思いたくなりますね。

それで、5年生が「投げていない」と言ったときに、アイ先生はどういうことを思ってどういう対応を取ったのですか。例えば、腹が立って何とか白状させようと思ったのか、何か別のことを考えたのか。

アイ　言われてしまったときには、きっと投げたんじゃないかなと思いました。でも、「投げたでしょう」と言ったらまずいじゃないですか。保護者も「先生は決めつけた。うちの子は投げていないと言っているのに、投げたでしょうと言った」みたいに言われてしまうと怖いので。

内田　その時点ではまだ保護者は来ていないわけですね。

アイ　来ていません。

内田　来ていないけれども、そういうことが想像つくわけだ。

アイ　はい。結局、人が見ていないからそれを証明する手段がないじゃないですか。もう相手しかいない状態だから、そういうふうに子供に「投げていない」と言われてしまったら、こっちはもう何も言えません。子供も言わない理由はいろいろあると思うんです。言うと損をするとか、きっと叱られてしまうとか、いろいろある。

内田　加害者とされる場合は、単に加害者になりたくないですからね。

アイ　そうなんです。だから、そうやって加害者とされる子供に「やったでしょう」と責め立てることはできないんです。もう私たち教員からは、一般論として「人に石を投げることはダメだよね。そういうことは絶対にしないでね」という指導しかできないわけです。

内田　子供は家庭でも同じことを言うでしょう。絶対にやっていないから、と。そして親もきっと自分の子供の言葉を信じますよね。

アイ　はい。私自身も一人の親だから、子供の言っていることを真に受ける気持ちはとてもわかります。だからこそ、子供と保護者が話をする前に、保護者に電話をするんですよ。学校でのトラブルは、子供が家に着く前に絶対に連絡するようにしています。

内田　トラブルがあった時点から、もう保護者対応を考えているわけですか。

アイ　ええ。だから、下校指導を代わってもらって先に電話を入れます。先手必勝ですね。

内田　そのためだけに？

アイ　子供というのは、こういう子がいけないとかそういうことではなくて、自分に都合よく親に言いがちなんです。

内田　保護者もそれを信じてしまう。

アイ　はい。

内田　そうすると、ボタンの掛け違いというか、認識のズレが出てくる。だから、はじめにまずこういうことがあったんじゃないかと、その時点でわかっていることを伝えるわけですね。

アイ　事実確認をして、こうでしたと、わかっている範囲で事実を伝えることが大事です。

内田　そして結局、5年生の男の子が何も答えてくれなかったから、「石を投げるのはやめようね」という、ある意味、本当にやったかどうかを問わずに指導をする以外ないんですね。

アイ　でも、被害者は納得しないですよね。とはいえ、そこで無理やり謝らせることもできない。なので、4年生の子供にも「もし次もこういうことがあればすぐに教えてね」と言って、その子たちが帰った後に加害者側の家に電話をしました。

内田　「本人はやっていないと言っています」と。

アイ　「でも、そういう被害者からの訴えもありました」と。それで何か言われたことはなかったですね。「ああ、そうなんですね」みたいな感じでした。ただ、保護者も理解はしてくれていたような気もします。「普段から認めないですよ。絶対やっていないと言い張るし」と言っていましたから。

内田　保護者も教員に同情してくれたわけですね。「もう、うちの子はどうにもならんわ」みたいな。

アイ　その2人は私の学級の子供ですから、今までもずっと見てきたので、だいたいわかりますが、たぶん石を投げたのだと思います。

内田　でも、それは言えない。

アイ　はい。「やったでしょう」とは言えないので……。そういうことです。

内田　明々白々なのに、それをやったと言えないんですね。

アイ　子供自身もついそうやって自分を守りたくなるのは、どの子供にもあるように思います。

保護者に合わせて対応を変えなければいけない

内田　すぐに保護者に電話したという例で、他にも何か思い浮かぶ事案がありますか。

アイ　あります。日常的に行動がやや不安定な子が、学級内で他の子供に手を出してしまったんですね。叩いたりするというトラブルでした。習い事でもその子が手を出す。学校でトイレに入っているときに何かをしてきたという訴えで、被害者の保護者が怒鳴り込んでくることがありました。

内田　学校に？

アイ　はい。それで、私はその加害者の子のクラスを担当していました。

内田　保護者が怒鳴り込んできたということは、保護者にすぐに電話できなかったケースということでしょうか。

アイ　そうですね。まず相手が怒鳴り込んできたことから始まりました。その後に、対応はすごく急ぎました。被害者の担任の先生が若手だったこともあって、最初に対応を失敗しそうになったんです。怒鳴り込まれたということもあるのですが……。

内田　ちなみに本当に怒鳴ってくるのですか。

アイ　はい、とてもきつい感じでした。

内田　初発に怒鳴り込んできた。一旦確認しておきたいのですが、基本的に何かがあればもう即、子供が家に到着する前に電話をするんですよね？

アイ　そうです。

内田　急いで保護者に電話をするのは、特に何があったときなのでしょう？

アイ　ケガですね。ケガのときには、できるだけ早くに家庭に電話をします。とりわけ対応を失敗したと思えるときには、とても急いで電話します。

内田　なるほど。子供にケガがあったときには特に急いで家庭に電話をする。

話を戻しましょう。最初に怒鳴り込んできたときは、どのような状況だったのでしょう。

アイ　まず、叩かれた子の保護者が怒鳴り込んできたところから始まりました。そのときは放課後だったので、こちらは「わかりました。でも、今日は（子供たちも）帰ってしまった後だから確認ができないので、事実確認をして明日連絡しますね」とお伝えしました。

内田　その後で加害者と被害者の子供の双方に話を聞いたんですね。

アイ　はい。子供もどんな話を先生にしたのかを保護者に言うでしょうから、その前に保護者に連絡するわけです。

内田　子供がそこで自分の都合に応じて、歪んだ内容を保護者に伝える可能性があるわけですか。

アイ　ええ、だから早く言わなくてはいけません。

内田　それですぐに親に連絡がついたのですか。

アイ　あのときは、親の帰りが遅いということで、夜の8時くらいまで私は学校で待たされることになりました。

内田　そんなに！　公立校の先生は給特法の定めから残業代が発生しませんから、ただ働きの時間帯に、学校で待機するわけですね。

アイ　そういうときは、連絡がつくまで帰れません。電話を入れましたという事実は記録に残しますけど、記録に残っていればいいというわけではなく、やはり実際に保護者につながるまでは、待つしかありません。

内田　普通のお店だったら午後6時に営業が終わったら顧客に電話もしないけれども、学校はそんな立場じゃないわけですね。

アイ　はい、そのとおりです。

内田　そういったことは、よくあるのでしょうが、子供が帰宅するまでの間に、保護者にすぐにつながるものですか？　つながらないことは多いでしょう？

アイ　「6時以降じゃないと無理」と言う保護者もいますね。向こうから「出られないので6時以降にしてください」とか言われます。

内田　教員の業務は定時に終わっているはずなのに……。

アイ　そういったことは、普通にあります。

内田　場合によっては、教員からの電話よりも先に子供が帰宅して、子供の言い分が親に伝わった後に、親から学校に電話がかかってくることもある。どうしようもできないですよね。

アイ　そうなんです。

内田　生々しいな……。

子供がケガをしてしまったときの対応も大変

アイ　ちなみに、さっき言いかけたケガの対応で失敗したという話は、それも自分のクラスで起きた出来事で、男の子が複数人いたときに、ある一人の子が他の子を押したら、将棋倒しのようになって、一番端っこにいた子が倒れて手を打ったんです。

内田　押されて転んで手を打ったということ？

アイ　はい。それで、すごく痛がって私はすぐに保健室に行かせました。

内田　それは休み時間のことですか。

アイ　はい、午前中の休み時間中のことでした。すごく痛がっていたので、養護教諭が心配になって「見せてごらん」と何回か言ったのですが、その場では、症状はわかりませんでした。結果的には骨折していたのですが……。親は働いているので、養護教諭の判断で午後5時に連絡することにしたんです。

内田　そのときは、まだ病院は行かないまま？

アイ　はい。たしかその日の午後はちょうど近所の病院が休診だったこともあって。翌朝、お母さんが病院に連れていって骨折していることがわかったのですが、そのときにお母さんから「どうしてすぐに職場へ連絡してくれなかったのですか」と言われました。「保健の先生でも気が付かないんですか？　昼間に電話してほしかったです」と……。

内田　家にいないのであれば、職場に電話してほしかったというわけですね。

アイ　そういうことがあります。管理職にそういう電話を受けたと言ったら、「これからは保護者の判断を待たずに、病院に連れていこう」と。だから、保護者が忙しいとかだったら、もう「子供を病院へ連れていくから、保護者さんは病院に来てください」みたいな感じになりました。

私は一回、自分のクラスの子を「養護教諭が付き添いできないから連れていってくれ」と言われたことがあります。あのときも大変でした。保健室の養護教諭がたまたま不在だったから「先生、タクシーを呼ぶから一緒に病院に行って」と管理職から指示されました。そのときは、廊下を走っていて転倒して、顔を少し切ったんです。大きなケガではないですが、首から上のケガだったので心配で、「病院に連れていこう」となって、すぐにお母さんに電話をして「病院はどこがいいですか？」と聞きました。

内田　お母さんの職場に電話したわけですね。

アイ　はい、なんとか電話がつながって、そこで希望の病院を聞いて、「今から行くので、病院に来てもらっていいですか」という流れでした。何ともなかったし、お母さんはそのケガを見て「あなた、また狭いところを走ったんでしょう」と。子供も「はい、ごめんなさい」という様子だったので、大事にはならずに済みました。

内田　その事件は、手を骨折した事件の後に起きたのですか？

アイ　そうです。

内田　それで、すぐに病院に連れていくようになったのですね。首から上というだけでも病院に連れていく理由にはなるんですね。もはや、そのような流れはごく当たり前のこととしてもよいのかもしれません。親に電話をして病院集合みたいなふうに。

同じクラスで揉め事が起こったとき

内田　もう一つ伺いたいこととして、被害者と加害者が同じクラスにいるなんてことはありますか。

アイ　あります。

内田　そういうときは、担任として困りませんか。

アイ　本当に困ります。途中でクラスを変えることはできないので、とにかく3月までは同じクラスで行かざるを得ません。私が経験したのは、5年生の担任を受け持ったときのことです。幼稚園時代からトラブルがあった子たちがいました。

内田　それは一対一の関係ということですか。

アイ　一対一で男子と女子なんです。あるとき教育相談関係のアンケートをしたのですが、そこで女の子のほうが、「去年から自分が通ろうとすると、横から押される」と言ってきたんです。だれから押されているのか、私にはすぐにはわかりませんでした。ただ、女の子が「4年間ずっと同じクラスなんです」と言ってきたんです。でも、実際のところ4年も同じクラスで加害者に該当しそうな男の子がいないんです。

内田　だとすれば、どうやって特定したのですか。

アイ　すぐには特定できなかったから、「じゃあ、同じクラスであなたがずっと困っている子は何人くらいいますか」と聞いたら、「消えてほしいと思うのは一人です」と言ったのです。「え、消えてほしいってどういうこと?」という感じで、私はその先は聞けませんでした……。

　4年間同じクラスだったかは関係なく考えてみると、たぶんこの子かなと思い当たる男の子がいまして、それが幼稚園からずっと一緒の子でした。その女の子にちょっかいをかけているであろう男の子は、何人かいるんですよ。その中で幼稚園からずっと一緒で相性がよくない男子は一人なんです。その男子は割と、「あいつね、嫌だ」とその女の子のことを口にすることがありました。

内田 そこで、どのように事実を確認していったのでしょうか。

アイ 私が「去年は先生に言ったの？」と聞いたら「言った」と。それで、前の担任に確認したら「そんなに大きいトラブルはあったかな？ ちょっとした出来事くらいはあっただろうけど、何かに記録しなければいけないほど大きい事件が起きたわけではなかった」と言っていました。

とはいえ、私も気になったので男の子に話を聞いたら、「絶対にやっていない」と言い張るんです。ただ、その子たちはずっと仲が悪い。なぜかと言ったら、お互いにやり返すからです。そして、やめないんです。私もそれは何回か見てきました。

内田 でも、通り過ぎるときに押されるという事実は、わからないまま……。

アイ わからないんです。その後、女の子から話を聞いたときに、「何で私ばかりこんなにやられるんですか。いじめですよね」みたいに言ってきたんです。でも、こちらとしたら、お互いにやり合っているのでいじめとは言い切れないわけです。女の子もわかっているはずです。それで、保護者からは、「なぜ同じクラスにするんですか」とクレームを受けました。

内田　ところが、昨年度の担任に聞いても大きな問題はなかったと言う。

アイ　はい。その先生も学年できちんと情報共有していて、学年主任に聞いても「そんな一方的な関係性ではないよ」と言うわけです。しかも「その女の子から、実際にだれも相談されていないよ」とのことです。

内田　だから、あえてその女の子の肩をもてば、「いろいろな被害を私は一方的に受けている。なのに先生たちは何も対応してくれない」と思っているのですね。

アイ　はい。でも、実際にはそういったことを教員には言っていないようなのです。保護者からもそれ以前には相談を受けていません。

内田　事実が不透明なまま、どのような対応を取ったのでしょう。

アイ　女の子の保護者からは、同じクラスにしてほしくないと言われていたので、あるとき保護者に「来年のクラスは配慮したほうがいいですか」と確認をしたところ、急に「しなくていい」と返してきたんです。理由ははっきりとは教えてくれませんでした。でも、こちらの判断で分けることにしました。

内田　それはそうですよね。

アイ　来年の先生はすごく困るじゃないですか。

内田　本当ですね。それにしても、保護者側の変化が大きすぎる。

アイ　とにかく、お互いに「やっていません」と言うし、でも、やり返しているのはこちらも見ているわけです。その子の親にも話を聞くと、「そういうことはやり返さなければなくならないですから、もうどんな手段を使ってでもやり返せとうちでは教えています」と言っていました。こちらからすると、「やり返しているから、なくならないんじゃないかな」と思ってしまうのですが……。

内田　やり返せと教えていて、一方で被害を受けましたと訴えてくるんですね。

アイ　「一方的にやられています、でも、やり返せと言っているのでやっていますよ」と。きっと、向こうから先にやってくるから、やり返しているだけであってこちらは悪くないということなんだと思います。

内田　水かけ論争みたいなもので、どっちが先かもうわからないですね。

いじめをめぐって、現場の判断がいかに難しいか、改めてよくわかりました。ありがとうございました。

【注記】

個人を特定しうる内容については、発言の趣旨を損ねない範囲において、適宜修正を加えた。

第6章

だれにも頼れない悲劇

内田　良

いじめの認知件数が増えることで、その対応はどう変わっていったのだろうか。本章では、現場歴が長く、小・中学校での指導経験があるソウタ先生（仮名）に話を聞いた。わかってきたのは、どんなトラブルも見逃さない姿勢をとることで仕事が増え、疲弊していく教師の現実だった（聞き手：内田良・取材日：2023年11月15日・12月11日）。

どんな小さなことでも取り上げる

内田　最初にお伺いしたいのは、「いじめの対応の頻度というのはどういうふうに変わりましたか」ということなのですが、ソウタ先生ご自身の経験ではどのように感じていらっしゃいますか。

ソウタ　昔とあまり変わっていないと思っています。

内田　あれ？　意外な回答です。どういうことでしょうか。

ソウタ　そうですね。教員になったときから、いじめの対応はそれなりにあったような記憶があります。程度の差はありますが、都会の学校でも田舎の学校でもありました。担任の立場だと自分のクラスで発生したいじめは把握できますが、他の学年やクラスの場合というのは情報も少なく把握できないことも多いです。今振り返ると、担任のときは忙しさもあり、他の学年どころではなかったですね。仮に他の学年にいじめがあったとしても、自分が主体的に何か関わることはほぼゼロでした。

内田　それは同じ学年の他のクラスも、あまりわからない感じなんですか。

ソウタ　私が学年主任のときは、教科担任制を敷いていたので、なんとなく共有はできていました。「あの子はああいう子だよね」とか「ああ、あの子はちょっと危ない」とか。

小学校の学級担任制では、なかなか他のクラスに入っていくことはできません。中学校であれば、部活の人間関係や教科担任などである程度入っていけるのですが、小学校だと自分のクラスのことでいっぱいですし、他のクラスの子供たちとの接点も少ないので、そこまで他の教員が首を突っ込めないと思います。

内田　言い換えると、いじめに限らないということですよね。担任に依存している側面が強いということでしょうか。

ソウタ　私は中学校に勤務していた経験があるので、他のクラスにも関わりたいと思っていたタイプですが、小学校の教員は基本、「自分のクラスは自分で」と思っている人が多いと思います。複数で対応して子供を育てるというより、自分のクラスは自分でしっかり仕上げたいという、学級王国的な考え方が強いのではないでしょうか。

内田 例えば、教科担任制のように各学級を渡り歩ければ、教師の役割は必ずしも学級に張り付かなくて済むと思いますか。

ソウタ はい。私はそのように強く感じましたし、他の学年教員も教科担任制のメリットを感じていました。協力して子供を見ることで、精神的な負担感は減ると思います。指導が大変な一人の子供を一人の教員だけで見るよりも、大変な四人を四人の教員で見たほうが、気が楽というか。子供たちにとってもそっちのほうがいいんだろうなというのは、子供たちの様子などを見ていて思います。

あとは、対応の問題をどういうふうにしていくかですね。SNSやスマホといったツールが出てきて、今までとは異なる生徒指導の課題が出てきているという現状もあるとは思います。

内田 子供にとって教員との関係が担任に限られるのは、あまり好ましいことではないと私も感じています。相性が合わないとそれで行き詰まってしまいます。いじめの変化については、子供の姿が何か極端に変わっているわけではないのですね。子供が変わったというよりも、対応の仕方が変わっているわけです。そこで伺いたいのは、その対応の仕方はどう変わったのか。ソウタ先生は何年まで現職だったのですか。

ソウタ　２０２１年ですね。

内田　ほとんどは小学校での勤務ですよね。中学校に勤務していたのは、いつ頃でしたか。

ソウタ　２０１０年代前半に、数年間勤務していました。

内田　そこから小学校に戻ってきて、その後は高学年の担当が多かった？

ソウタ　はい。小学校教員になってから、残念ながら低学年の担任をしたことがないです。

内田　なるほど。小学校に勤めている間、いじめの対応の仕方はやはり変わってきましたか。

ソウタ　以前はスクリーニングにも引っかからなかったような事例を、今はすごく拾っていると思います。もう小さいところからいじめやトラブルの芽を摘んでいこうみたいなことを、よく言われます。

内田　具体的な例はありますか。

ソウタ　例えば「押された」というレベルでも、その押されたことを子供が家で言って、「それはいじめだ」と保護者が思うことを前提に動くとすると、もうその時点で摘んでおく、つまり何らかの対応を検討するということです。

そういうことをやっていると、段々人に触るなという指導になってきます。異性の児童に対する指導も気を遣いますね。体育のとび箱の補助で腰を押すという指導法があるのですが、あれももうやれないですね。要は、教員も友達も距離を保ちましょう、と。コロナ禍でこれがさらに進みました。

他にも、友達どうしで親しみをこめて呼んでいたようなニックネームも、今は「あだ名は駄目よ、〇〇さんと言いましょう」となりました。距離感をしっかり保っていかないと差別みたいな話になってしまうし、友達どうしの人間関係も誤解が生じてしまいます。

内田 友達に「押された」というのも、学校に情報が入ってくるわけですか。

ソウタ ただちょっとぶつかっただけだと思われたとしても、親がクレームを言ってきたら、きちんと確認しなくてはいけません。

内田 なるほど。保護者対応も先を見越して、かつては拾っていなかったような「押された」とか「ちょっと変な呼び方をされた」というものを、今はしっかりと顕在化させていくということですね。

そのときに、具体的にはどういった行動を取るのですか。つまり、そういったことをいちいち言葉にして教員間で話し合うのか、あるいは書類やパソコン上に一行だけでもコメントを入れるのか。

ソウタ 今までの勤務先では、月1回定例の生徒指導部会がありました。校務分掌で割り振られた各学年の生徒指導部所属の教員が、事案をまとめて会議に持ってきます。参加者は管理職の校長、教頭、それから教務主任ですね。中学校の生徒指導主任は専任の場合もあるのですが、小学校の生徒指導主任はだいたい学級担任です。あとは養護教諭も入ります。

情報を集約するときに、小さなことも上げましょうというのは、すごくやってきました。なので、ちょっとしたことと言ったらあれですが、先ほどの押したレベルも含めて、何か話が大きくなる可能性がありそうなものは、すべてピックアップします。パソコンで記録にも残します。

内田 最初はどういうかたちで伝わるのですか。生徒指導部会の教員が管理職に情報を上げるとして、その前の段階で、生徒指導部会の教員には、どういうふうに情報が入ってくるのでしょうか。

ソウタ 学年会という、週に1回程度行われる学年の会議ですね。そこで、いろいろな行事の確認や授業の進度とかと並行して「各クラスの様子はどう?」みたいな話で確認します。

だから、その時点で話題が出なかったら、何もありません。各担任が言わなければ、何もなくそのまま流れていきます。今は小さなことでも情報共有するようになってきているので、知り得る範囲で小さなことも報告していると思います。

内田　押したとか、あるいは物を隠すとか、何か嫌なことを言われたのを担任が自覚して、学年会で「クラスでこういうことがありました」みたいなことを言う。このあたりがだいぶ昔とは変わってきたということですね。

ソウタ　昔からあったのですが、今はそれをすごく細かいレベルでやっているという感じですね。網がすごく細かくなって、昔だったら「これくらいかな、他にはもうないよね」といって終わっていたことが、今は「これとこれと、これと……」みたいに……。逆に事例を上げないと「本当に何もないのですか？」と疑われるくらいです。

内田　現場の認識がすごく変わったんですね。

ソウタ　はい。だから、石ころを拾って全然問題ないものだったのかもしれないけれど、100個中の1個でも摘んでおこうという感じです。その分、仕事が忙しくなったのは間違いないです。

内田　しかもそれを、担任に丸投げしている。何かにつけて全部、担任が引き受けている。

物をなくす、忘れる

内田　どんな小さなことでも取り上げると、大半がいじめとは認定できないと思いますがどうですか。

ソウタ　そうですね。それこそ、いじめかなと思われそうな事案でもよく調べてみると、自分でやっていることもあります。

内田　自作自演めいたことですか。

ソウタ　そうです。例えば、ある女の子が「自分の体操着にいつも画びょうが入っている」と言い出したことがありました。そこで担任が調べてみると、その子が自分でやっているのではないかという行動が見えてきたんです。でも、決定的な証拠はないので、最終的には、「探したけれど見つかりませんでした」みたいな結論に着地するしかなかったですね。

内田　いわゆる虚言、嘘ということですか。

ソウタ　だと思います。たぶん、その子は大人の気を引きたいところがあったのでしょう。もしかしたら、家族との間で何かあったのかもしれません。どちらにせよ、こちらとしてはそこから先には踏み込めないわけです。

物がなくなったときもそうです。学校では、落とし物や忘れ物が日常的に起こります。その子自身の物の管理が甘かったとしても、あたかも「なぜか、なくなっちゃった」みたいに言うので大騒ぎになったりします。そして、親のほうも「先生、なくなったって言っているのに、どうして探してくれないんですか」みたいなクレームが来たりするんです。

内田 先生が責められてしまうんですね。

ソウタ そのときも「プレゼントでもらった大切な鉛筆がなくなった」と、保護者も巻き込んで大騒ぎになったことがあり、最後の落としどころとして私が鉛筆を買って渡したことがあります。

内田 それって自費ですよね。

ソウタ はい。結果的に、その子は新品の鉛筆を手に入れたわけです。でも、その子はもともと物の整理が乱雑だったので、本人が紛失した可能性が高かったと思います。でも、教員がちゃんと探さなかったという理由から責められるわけです。

内田 でも、親からすればだれかに隠されたとか、疑いは生じますものね。

ソウタ それがまたどんどんエスカレートすると、いじめられたとかになります。

タブーかもしれませんが、いじめは言った者勝ちだというのは、たぶん教員の多くが感じているのではないでしょうか。ただ、被害者とされる側の主張が重視されて、併せて、認知をしっかりしていこうという流れになっているので、もう後には引けないというか……。魔女狩りじゃないけれども、ほんのささいなことも摘みましょうというところが、教員の疲れも増やすし、やる気をそいでいるんだろうなと感じます。

内田　グレーなことばかりで、そこで何らかの対応を迫られるのはきついですね。

ソウタ　ええ。その他にも体育のマット運動で上履きを脱いで運動した後に、上履きが見つからなかったことがあって。

内田　それは、なくなってしまった……というわけではなく？

ソウタ　別のマットの間に挟まれていたんです。「なくなっちゃった、先生」「みんなで探そう」とか言って、探すわけですよ。それで突然、ある子が「先生、あったよ！」と。でも、それは第一発見者が隠したのではないかとも疑ってしまうわけです。みんなの注目を浴びたいとか、ヒーローになりたいみたいなのが歪んでしまってやってしまう子もいますので。でも、教員は「見つかったからよかった、間違って入っちゃったんだよね」と、それを事件化しないわけです。

内田　できないですよね。疑わしいよねという共通理解は教員ももてるかもしれないけれども、事実認定まではいけないでしょう。

ソウタ　「あったからよかったね、もう気を付けようね」という感じで終わりにせざるを得ません。問題にしようと思ったらいくらでも問題にできますが、そんな証拠も時間の余裕もないですから、無理だと思います。

内田　わからないものね。最後の決定打がないから、気を付けようで終わるしかない。

子供の話を鵜呑みにできない

ソウタ　疑わしい事件は他にもありました。ちょっと嫌な話になってしまうのですが、ある子供の靴がなくなったときのことです。不審者対応として昇降口に防犯カメラが設置されたので、その録画記録を確認したところ、「この角度で見ると、この子が靴を隠しているようだな」と、推認できることがありました。

内田　なるほど。

ソウタ　「この子の後で靴がなくなっているよね」と、教員どうしで確認するのですが、こうしていることが、なんか警察みたいで嫌な気持ちになりますね。でも仮に、疑いをかけられた子の親がその動画を確認したとしても、角度的にそう見えるだけで決定的な証拠ではないと言い張るでしょう。あくまでも怪しいといったくらいで……。

内田　その後、どうなったのですか。

ソウタ　結局、その場面を現行犯で見ていない限りはなかなか言いづらいので、追及できずにグレーのままでした。

内田　そういうときに被害者やその保護者にはどういう説明をするのですか。とりわけ被害を受けたと言われたときに、加害者を特定できないわけですよね。

ソウタ　そうですね。こういった場合は「学校のほうでも確認して、なかなかそこまでたどり着きませんでした。今後はそういうことがないように、全体に呼びかけます」といった感じで幕引きを図るしかありません。そこはご理解いただくようにしています。

内田　全体に呼びかけるというのは、例えばどんな感じですか。

ソウタ　「クラスでも物の管理とかを徹底させるようにしたいと思います」といった感じですね。

内田　つまり、学校に捜査機能があれば細かく指紋とか調べて「お前が犯人だ」となるけれども、教育的にそうするのが難しく、実際に捜査もできないし、そうなってくると最後はわからないので、全体に向けて「靴がなくなったこともあったみたいだし、みんな、持ち物の管理には気を付けてね」と言って終わるわけですね。

ソウタ　はい。もっと言うと、靴がなくなったこと自体も言わない可能性が高いですね。「物の管理をするために、しっかり靴には名前を書きましょうね」とか、具体的な内容には触れない指導になりますね。

内田　結局、事実がわからないから、「そういう指導をしますよ」と保護者に言って終わるみたいな。

ソウタ　そうです。アピールする感じです。先ほど言ったカメラの話は、教員側として「あの子が怪しいよね」という共通理解には使えるかもしれません。ただ、それは大っぴらには言えないわけです。だから、「これからはあの子をよく見ておこう」みたいな方針を、舞台裏で共有しておきます。とはいえ、その子に対しては、もちろん指導はできないわけです。

内田　本当のところはわからないですからね。

ソウタ　いじめと話が少しずれてしまったかもしれませんが、小学校ではそういうことって多いのです。

内田　むしろ今回の本の企画の核心を突いていると思います。学校は事実がわからないし、被害者とされる子と加害者とされる子、あるいはその保護者を含めてそれぞれに言い分もある。そういう経験が蓄積されてきたのが学校であり、だからこそ、一人の子供から何か訴えがあったときに、先生たちは答えを一つに絞らずに、いろいろな事実の選択肢を考えるわけですよね。

ソウタ 子供の訴えにちゃんと耳を傾けるべきとも言われますが、その逆かもしれません。現場経験が長くなればなるほど、「子供の言うことを鵜呑みにするな」といった感覚が強くなると思います。被害者、加害者と想定される子供それぞれに言うことが違うと、本当に何が起きているかわからないんです。

一方で保護者は、子供の言うことを鵜呑みにしがちなように思えます。昔だったら、「僕はいじめられた」と子供が言っても「何言っているの、あなたが悪いんでしょう」といったやりとりがあったかもしれませんが、今は「わかった。じゃあ、学校に電話するね」となるわけです。

内田 子供の訴えが保護者に伝わると、事実であるかのように話が固定されてしまいそうな気がします。

ソウタ しかも、子供によっては、自分でシナリオをつくって話すこともあります。大人もそうかもしれませんが、その状況に合わせて変に話を盛ってしまうこともあります。こちらとしては、「え？　それは聞いてないけど、もうちょっと詳しく教えて」と教員が優しく聞くと、段々話が違ってくる。

内田　そこで、嘘かもしれないとの疑念が深まっていくわけですね。

ソウタ　そうやって振り回されて、結局何が事実かわからなくなったことは多々ありました。

保護者にどう伝えるかでその後が変わる

内田　小学校では、中学校や高校に比べて、さまざまな場面に保護者が関わってくるのが特徴だと思います。いじめに限らず、子供の間で何らかの事故やトラブルがあったときに、それを先生と子供との関係のみで対応するときと、そこに保護者が積極的に関わってくるときで、事の展開が全然違うと推測します。

ソウタ　そうですね。例えば、子供どうしがぶつかって、どちらかが被害・加害ではないのですが、保護者への連絡も含めて大変だったことがあります。

内田　そういったとき、保護者への連絡はどうするのですか。

ソウタ　まずは子供たちから話を聞いて事実確認して、それぞれの子供の連絡帳に状況を書いて保護者に伝えます。

内田　電話とかもするのですか。

ソウタ　はい、電話もします。私の場合は、電話ではまず、「お子さんから聞いていますか」と尋ねます。この案件に限らないですが、私は子供を家に帰すときに、「自分の言葉でしっかりと家の人に説明しましょう」という生徒指導を行ってきました。教員が言ったのではなく、子供が言ったということの意味が大きいので、「ちゃんと自分から言うんだよ」と。

ただしそのときに、連絡帳にも私から説明を書いておきます。連絡帳には私の言葉で書き、子供も自分で親に説明する。その後で保護者に電話をすると、そこまでのズレがないのですが、電話が先だと、「ソウタ先生が電話でこう言っているんだけど、何か心当たりある？」みたいになって、話が混迷していくケースがあります。

内田　連絡帳の場合は、子供が帰った時点で親が見るということですね。

ソウタ　「すぐにお家の人へ見せて説明するんだよ」と念を押します。そして、あとは証拠になるというか。「一応ここに書いてあるので、ご覧いただいたかとは思うんですけど」と、言葉を付け足して話を進めることができます。

内田　子供が帰って、もしかしたら自分の都合のいいことを言う可能性もありますよね。

ソウタ　あります。ですから、学校ではこういう指導をしていると連絡帳でお伝えするわけです。

教員に対してと、親に対してで、子供の言っている内容が相違することがあるので、教員側ができる範囲で事実を絞っていき、本人にも納得してもらいます。子供本人が納得していないと、「先生が話を聞いてくれなかった」みたいな話になりがちなので、子供とのコミュニケーションは大切です。それと、ケガの事案や子供どうしのトラブル事案については、早い段階で管理職や学年教員間でも共有するようにします。

内田 たしかに、何かが起きた時点で、できるだけ早い段階で事実を絞っていき、連絡帳に文字で書いて、先生の手を離れて家庭に届けば、先生が把握している内容について、明確に伝わりますね。

ソウタ ただ、連絡帳のニュアンスというのが結構微妙なんです。文字の難しさと言いますか……。否定的なことを書くと逆効果になりかねないので、どうしても事実を中心にしてマイルドに書かざるを得ません。ですから、場合によっては、連絡帳ではなく放課後に自転車を走らせて家庭訪問することもあります。どれか一つの手段にだけ頼るのは、結構危険です。

内田 2人の子供に何かあったときには、双方の保護者への連絡がいっそう難しくなりそうな気がしますが、いかがでしょうか。

ソウタ　被害者・加害者のような立場が生じると、場合によっては両者の保護者でやりとりするようなこともあります。今は個人情報保護の関係で勝手に電話番号も教えられないので、今はそうしたケースは少なくなっているように思いますが。いずれにしても親自身からすれば「うちの子は悪くないんじゃないか」といった思いも強いので、双方の子供にある程度納得してもらったかたちで、家に帰したいですね。

逆に言うと、家に帰ってから「いや、実はこうだったんだ」と言われるのが最も大変です。だからこそ教員への信頼感もそうだし、「いや、あの先生に言っても聞いてもらえない」みたいな話になるのが怖いのです。「先生が怖くて言えなかった」という話になってしまうと、また全然違う次元の話になってしまうので……。

内田　そう考えると、教員と子供との間でコミュニケーションをとって、そこで確認したことを中心に、連絡帳で同時に保護者に伝えていくのはすごくいい方法ですね。

ソウタ　うまくいくと非常に効果的だなと思う一方で、先ほど言った文字に残るところの難しさもあります。

内田　クレームとまでは言わないにしても、親から「自分の子供がこう言っているんだけれども……」という相談は増えてきていますか。

ソウタ　多くなってきたように思います。以前は親も、「まあ、そういうことはありますよね」だったのが、昨今では親のほうが「いや、それは学校の対応がまずいんじゃないのか」といったことを返してきます。さらには、「来年度は、うちの子とあの子とを別のクラスにしてもらえないか」といった要望はよくあります。

内田　クラスを別々にしてもらえるかもしれないとの認識があれば、そうお願いしたくなりますね。

ソウタ　クラス替えは以前は2年ごとだったのですが、今は1年ごとになってきました。そこには、親からのクレーム防止、危機管理の側面もあると思います。配慮というか、「しっかりと対応しています」という防衛策の一環、学級編成の時点でできるだけ問題点を減らしておくということです。

保護者対応として、あえて教員が学年を持ち上がらないこともあります。でもそうすると、逆に生徒指導上知っていたい内容とかもあやふやになって、主体的に関われなくなるリスクも出てきます。

内田　子供も教員も固定化すると問題がこじれる可能性があるから、常にリフレッシュしていくみたいな感じなのですね。

ソウタ　そうです。私のクラス運営も危ない学年のときは、席替えをたくさんしていました。席替えをすることで、リフレッシュ感が生み出されたので。

だから、一時的にクラスの解体なんかもよくしていました。6年生を担任したときは、総合的な学習の時間はクラスをバラバラにして「1、2、3組でグループをつくりましょう」と言って学年全体を巻き込んでいました。そうすることで、他のクラスの仲がいい子ともグループが組めて、教員も子供もストレスが減るじゃないですか。教科担任制もその一環なんです。

内田　まさにそうですね。同じことを思いました。いじめの根源的な要因として言われているのは、学校があまりにも密室すぎること、教室があまりにも密度が濃すぎることですからね。

指導に労力を要する子供中心にクラスが編成される

内田　学級にはいろいろな人間関係があります。いじめに限らずですが、仮に加害者と被害者が明確に特定できたとしても、その両者が同じクラスにいます。要は加害者を厳しく罰して、被害者を守るみたいなことが、クラスだとやりにくい気がするのです。これが学級担任のすごく難しいところかなと思います。

ソウタ　いじめではないかもしれないですが、例えば影響力があるような、クラスでボス格みたいな子はどの学年、どのクラスにもいます。そういった子はクラス編成のときにすごく配慮します。仲間を引っ張っていく点ではよいこともあるかもしれませんが、一方で、そうした強引な子とは一緒にはなりたくない子も、やはりいるわけです。そうすると、クラスにその子がいた時点で、学校に行きたくなくなってしまう。粗暴だったり、発達の課題があったりする場合には、その子を学年全体でどうするかを考えます。極端な話、その一人のために学年や学級全体の子供が、影響を受けるわけです。

内田　私も大学の授業で「クラス編成ってどういう原理で行われるのかわかりますか」という質問を出したりします。結局、ただの学力順だとかではなく、まずは最も指導を要する子供をどこに配置するかから始まりますよね。

ソウタ　はい、学級担任制をやっている限りは、そういうふうにやらざるを得ないですね。教員もそうです。昔は、だれがこのクラスをもつかという配慮はほぼなかったと思います。私が教員になった頃は、くじ引きをして、担当するクラスを決めていました。

内田　本当ですか？

ソウタ　だから先輩の教員が「後腐れなく、みんな同じように分けたから、どれでも同じだよ」みたいなことも言っていて。今考えると、同じなわけないだろうって思いますけど（笑）。20年くらい前は、そういったことも珍しくなかったですね。

今は、3学期に複数回行うクラス編成会議の時点で、「これは女性の先生がいいな」「これは初任者のクラスかな……」と考えて振り分けていますよね。そうでもしないいと対応しきれないことがたくさんあるんです。

内田　初任者がどうこうというよりも、指導に手間暇を要するクラスに、力のある人を入れることが大事ということでしょうか。

ソウタ　それがメインです。学年の一つでもクラスが崩壊してしまうと、当然まわりも大変になってしまうので、初任者には担当しやすいクラスをお願いします。

内田　学級というのは、そもそもいろいろなトラブルを抱えた、丸抱えしている仕組みなんですよね。いい悪いではなくて、事実としてそういうことですよね。

ソウタ　はい。

ハサミを持って暴れる子供にどう対応するのか

内田　ところで、私が気になっていることとして、いじめ加害者を出席停止にするというのは、やはり学級担任制度の中では非常に考えにくい発想ですか。

ソウタ そうですね。正直に言えば、加害性のある特定の子供がクラスに一人いることで、さまざまなトラブルが日常的に生じつづけることがあります。「この子さえいなければ学級がうまく回るのに」と思ってしまっては「教師失格」みたいな感覚があります。教育愛とでも言うのでしょうか。その教育愛を超えたレベルで「いや、それでもこれはおかしいでしょ」と考えてみることも必要だと思います。

内田 つい、「学級がうまく回るのに」と思ってしまうことがある。

ソウタ ええ。一方で、それを何とかするのが教員の仕事になっているところもあります。「この子がいても学級経営ができる、あの先生はすごい」みたいな職人的なことですね。特に高学年では、トラブルを引き起こす子供が次々とあらわれます。

結局、このクラスをもちたくない、この学年はもちたくない、という教員も出てきます。そうすると校長がなんとか頭を下げてお願いしたり、場合によっては他校から異動してきた教員にもたせたりすることが起こるわけです。

内田 ソウタ先生もそういった経験があるのですか。

ソウタ 近いことはありました。四月の時点から、教室で暴れたり机をひっくり返したりするような子がいて、周囲の子供にケガの危険、命の危険がありました。ハサミなど、危険性の高いものはすべて私が預かっていました。それでも使うときに手渡すと、そこで暴れてしまうわけです。でも、それは発達の問題なので、その子が悪いわけではありません。最終的には保護者の理解を得て特別支援学級で学ぶことになったケースです。

内田　暴力的な事案ですね。

ソウタ　学校中で噂になるレベルでした。実際に同級生も、その子が声を荒らげたり、暴れている姿を見ていました。ただ、もちろんその子も、落ち着いているときには優しいのです。暴力的だとは言っても、ずっとそういうわけではないですし、よいところもたくさんあったのでそこも教育者として難しさを感じました。きっと親もそのいいところを見ていたんだと思います。

内田　保護者は現実の姿をよく理解していなかった？

ソウタ　残念ながらそうでした。そこでまずは、事実を伝えるところから始めました。そのための記録もしっかりととりました。ただ、親が学校に来ると、その子供は割とおとなしくするんです。だから、その子には感づかれないように学校に来てもらって、実際の姿を見てもらったこともあります。お母さんは、号泣していました。でも、お父さんは穏やかな方で、冷静に話を聞いてくれました。

内田　記録をとっていたというのは、具体的にどのようなことでしょう。

ソウタ　写真をしょっちゅう撮っていました。ビリビリに破られたテスト用紙とか、通知表とか……。もう「こんなはずはない！」みたいな感じで破っていました。抑えられないんでしょうね。

内田　写真を撮るほうもしんどいですね。

ソウタ　親に理解してもらうための材料として、仕方ないところはありました。こういうケースに出会うと、メンタルで体調を崩す教員も多いと思います。

内田　学校には、専門家の力を借りるという仕組みが必要ですよね。これまでは、担任が全部抱えていくようなかたちでした。もっと外部の力を借りることで物事が改善することがあると思います。

ソウタ　そもそも教員の力だって、指導が足りないと思われたくないので、できれば借りたくないんだと思います。小学校では、自分のクラスの子供は、自分が指導するという文化です。なので、子供の指導において学校外の人の力に頼ることが想定されにくい。

内田　だからこじれるし、いろいろないじめだけではなくて、何か抱え込むからこそ話が前進しない側面がありそうですね。

ソウタ　その解決の手段を持ち合わせていないというか、そもそも利用しようと思っていない教員も一定数いるでしょうね。ベテランの先生も若手の先生も助けてと言いづらい学校文化があると思います。

内田　なるほど。課題を抱える子供に、担任とクラスの子供全体で対応していくのは、教育的ですし、美しいシステムだと思います。その子に「特支学級に行け」とか「警察に行け」と突き放すのではなくて、うまく人間関係を調整しながら学級、社会をつくっていく。ただ、それが結果的に課題のある子をずっとクラスが丸抱えする仕組みになっている。そう思うと、担任の手を離れ、クラスの外の力、つまり専門的なケアを早い段階で受けていくことが模索されてよいのではないかと思います。

いじめにとどまらず、学校あるいは担任だけでは対処できないことがある。でもその難しさが知られないままに、学校と担任に多くのことが丸投げされている。教員の過重な負荷にも関わる問題で、大変勉強になりました。どうもありがとうございました。

【注記】
個人を特定しうる内容については、発言の趣旨を損ねない範囲において、適宜修正を加えた。

おわりに―何かについて語らないということ―

何かについて語るということは、別の何かについて語らないことと同義である。
10年以上前のことだ。ある保護者が、県のいじめ対応を非難していた――「前にも大きな事件があったのに、また起きている。件数も他県よりも多い。教育委員会は、何をやっているのか」と。

たしかに、教育委員会や学校の対応に不満があるのは、私も納得できる。問題を過小評価したり、担任に丸投げしたり、保身に走ったりと、リスク・マネジメントあるいはクライシス・マネジメントが粗雑だと感じることが少なくない。粗雑を超えて、積極的に加害者側の味方に立っているのではないかと思えることさえある。

だが、いじめ件数の増加は学校側がいじめを発見しようと取り組んだ結果である。むしろ、過去に重大事案が起きて、学校側がいじめに大きな危機意識をもつようになったからこそ、件数は増えていく。

しかしながら、そうした解釈がはさまれる余地はなく、件数の増加をもって「前にも大きな事件があったのに、教育委員会は、何をやっているのか」との非難が成り立ってしまう。現場で何が起きているか、そのリアリティを欠いたままに、既存の非難の語彙が活用される。

不登校やいじめが、ますます学校教育の重要課題として認識されるなか、私は先般、興味深い主張に出会った。不登校やいじめの語りを解体しようとするウェブ記事で、人文系の出版社と朝日新聞社が共同して人文書の魅力を発信している読書推進プロジェクト「じんぶん堂」のウェブサイトに掲載されたものである。

執筆者は明石書店の編集者である柳澤友加里さん。NPO法人日本スクールソーシャルワーク協会名誉会長の山下英三郎さんが著した『迷走ソーシャルワーカーのラプソディ』（明石書店、2023年8月刊）を推薦する記事で、そのタイトルは「不登校の原因は『大人』、元不登校の編集者が『迷走ソーシャルワーカーのラプソディ』を読んでほしい理由」である。

柳澤さんは、小学校から高校まで、8年間にわたって不登校を経験した。日本初のスクールソーシャルワーカーとして1980年代から子供と関わってきた山下さんの書を受けて、柳澤さんは「こんなに子供の生きづらさについて理解してくれている大人がいたのかという安心に似たもの」を感じたという。

世の中では、いじめの被害とセットにされた不登校経験の語りが流通している。「私は、メディア等で不登校が取り上げられる時、いじめとあわせて取り上げられることが多いと感じてきました。（略）自分はいじめられたわけじゃないのに、明確にコレが原因だと言えることがないのに、不登校になるなんておかしいのだろうかとも思っていました。それはメディアが偏った情報を流していたという証左だと、今ならそう思います」と、柳澤さんは説明する。

柳澤さんご自身が不登校になった理由の一つには、担任の存在があったという。いじめによる不登校というストーリーは、子供同士の問題として不登校を説明しようとする。だが、そこには大人もまた深く関わっているはずだと、柳澤さんは述べている。これは本書の第4章において、いじめの四層構造論に教師を追加して理解しようとした試みと重なる。ただそうした主流の語りからは漏れ落ちてしまう事例があるはずだ。それどころか、語りとしては少数派でも、現実としては多数派であることも十分にありうる。本書の特にインタビューの章（第5章と第6章）はその意味で、世の中ではほとんど知られていない話だが、学校の教員の間では「あるある話」とされていることを紹介できたのではないかと思う。

なお、いじめの一元的な語り口を解体してくれる書として、北澤毅・間山広朗編『囚われのいじめ問題：未完の大津市中学生自殺事件』（岩波書店、2021年）をお勧めする。「いじめ自殺」の典型的な事例とみなされてきた大津市の中学生自殺事件について、多様な関係者の聴き取りなどから新たな語りの構築に取り組んでいる。大津市の事案をめぐる語りというよりも、いじめをめぐる語り全体の可能性を拡げてくれる書として推奨したい。

「典型的な」事例と思って語っている瞬間にこそ、もしかしてその他の何かとても重要なリアリティを削ぎ落としているのではないかと疑ってみる必要がある。私たちが目指すべきことは、既存の語りの強化でもなく、だれかを非難することでもなく、立場や経験を問わず、今苦しんでいる人や困っている人が、少しでも安心を得られるよう尽力することである。目標は、人を攻撃することではなく、人を助けることだ。

本書は、4名の書き手による共同作品である。編者は私、内田良であるが、作品全体はウェブ調査の着手から本の刊行に至るまで、古殿真大さん、藤川寛之さん、澤田涼さんとの共同作業によって生み出されたものである。

お三方は、名古屋大学大学院で教育社会学領域に所属する院生である。研究会を立ち上げたばかりの頃は、いじめの実情や先行研究の現状、統計的分析の手法、啓発として情報発信するときの留意点など、共同研究のメンバーには私から教えるべきことがたくさんあった。「典型的な」指導関係であったように思う。

しかしながら院生の成長は早く、気がつけば、私のほうが院生から尻を叩かれる日々へと変わっていた。私が担当する章の執筆の進捗が悪く、院生の足を引っ張ってしまった。この場を借りてお詫びするとともに、皆さんからのご指導と励ましによりここまでたどり着けたことに深く感謝申し上げる。

ある学会の学術集会で、みんなでいじめ調査の分析結果を発表する前日、楽しく居酒屋で夕食をとったあとに、二次会の「お店」として案内されたのが、古殿さん・藤川さん・澤田さんが3名一室で寝泊まりするマンション型ホテルだった。だまされたと気づいたときはすでに遅しで、その一室で朝方まで暴飲した。翌日のお昼、声をつぶしかけていた私を車に乗せて、急ぎ近所のコンビニまでトローチを買いに連れていってくれたとき、仲間に支えられていることを強く実感した。

このような仲だからこそ、タブーなき議論が可能となり、人を助けることを最終目標に突き進んでこられたのだと思う。本当にありがとう。

本書の出発点は、いじめに関するウェブ調査にある。この調査は、「一般社団法人いじめ構造変革プラットフォーム」（代表理事：谷山大三郎・竹之下倫志）の寄附金により実施された。調査の中身から分析の結果まで、「すべて研究者の皆さんにお任せします」と、私たちに委ねてくださった谷山さんと竹之下さんには、深くお礼申し上げる。

最後に、東洋館出版社の編集者・畑中潤さんに感謝の意を申し上げる。畑中さんの、アツい思いと仕事の速さに刺激を受けながら、なんとか刊行にたどり着いた。

いじめの語りを解体する作業は、緒についたばかりである。多数派も少数派も、主流も傍流も、みんなが少しでも穏やかに生活ができるよう、私たちの語りはつづいていく。

内田　良

［編著者略歴］

内田 良（うちだ りょう）

名古屋大学大学院教育発達科学研究科教授。スポーツ事故、組体操事故、「体罰」、教員の部活動負担や長時間労働などの「学校リスク」について広く情報を発信している。2015ヤフーオーサーアワード受賞。著書に『校則改革』『ブラック校則』『ブラック部活動』（いずれも東洋館出版社）、『部活動の社会学――学校の文化・教師の働き方』（岩波書店）、『教育という病 子どもと先生を苦しめる「教育リスク」』（光文社新書）など多数。

本書では、「はじめに」・第1章・第5章・第6章・「おわりに」を執筆。

［執筆者紹介］

古殿 真大（ふるどの しんた）

名古屋大学大学院教育発達科学研究科博士後期課程・日本学術振興会特別研究員（DC 2）。論文に「普通学級における精神衛生的処置と「性格異常」」『保健医療社会学論集』（近刊）、「教育事例集に見られる緘黙児認識の変化」『SNEジャーナル』第28巻第 1 号などがある。

本書では、第 2 章を執筆。

藤川 寛之（ふじかわ かんの）

名古屋大学大学院教育発達科学研究科博士後期課程。論文に「ICT教育をめぐる研究動向と展望」『教育論叢』第64号、「なぜ教員と保護者の連携は難しいのか」『名古屋大学大学院教育発達科学研究科紀要（教育科学）』第70巻 1 号（共著）などがある。

本書では、第 3 章を執筆。

澤田 涼（さわだ りょう）

名古屋大学大学院教育発達科学研究科博士後期課程・名城大学総合企画部（愛知県立愛知総合工科高等学校専攻科）。論文に「大学におけるピア・サポーターの成長を導く「居場所」概念の考察」『ピア・サポート研究』第19号、「大学生のピア・サポート経験の効果検証」『名城大学教育年報』第17号などがある。

本書では、第 4 章を執筆。

いじめ対応の限界

2024（令和6）年4月15日　初版第1刷発行

編著者：内田 良
発行者：錦織圭之介
発行所：株式会社 東洋館出版社
〒101-0054　東京都千代田区神田錦町2丁目9番1号
コンフォール安田ビル2階
代　表　電話 03-6778-4343　FAX 03-5281-8091
営業部　電話 03-6778-7278　FAX 03-5281-8092
振　替　00180-7-96823
U R L　https://www.toyokan.co.jp

装　丁：水戸部 功

印刷・製本：藤原印刷株式会社

ISBN978-4-491-05057-7 ／ Printed in Japan